죽음을-향한-존재와 윤리

죽음을-향한-존재와 윤리

초판 1쇄 인쇄 2022년 11월 25일
초판 1쇄 발행 2022년 12월 2일

—

지은이 한상연
펴낸이 이방원
편 집 정조연·김명희·안효희·정우경·송원빈·박은창
디자인 박혜옥·손경화·양혜진 **마케팅** 최성수·김 준·조성규

—

펴낸곳 세창출판사
　　　신고번호 제1990-000013호 **주소** 03736 서울특별시 서대문구 경기대로 58 경기빌딩 602호
　　　전화 02-723-8660 **팩스** 02-720-4579 **이메일** edit@sechangpub.co.kr
　　　홈페이지 http://www.sechangpub.co.kr **블로그** blog.naver.com/scpc1992
　　　페이스북 fb.me/Sechangofficial **인스타그램** @sechang_official

—

ISBN 979-11-6684-136-1 93110

이 저서는 2022년도 가천대학교 교내연구비 지원에 의한 결과임.(GCU-202205550001)
This work was supported by the Gachon University research fund of 2022.(GCU-202205550001)

하이데거 너머의 철학

죽음을–향한–존재와 윤리

한상연 지음

Martin Heidegger
Charles Baudelaire
Egon Schiele

세창출판사

머리말

순연한 즐거움을 감행할 결의의 순간을 통해 드러나는 현존재의 존재로서의 본래적 시간성

『죽음을-향한-존재와 윤리』라고 명명된 이 책은 '하이데거 너머의 철학'을 향한 필자의 두 번째 기획이다. 첫 번째 기획의 결과물은 『순간의 존재』이다. 『순간의 존재』는 하이데거의 존재론을 주로 로트레아몽의 『말도로르의 노래』와 비교하며 새롭게 해석하는 방식으로 작성되었으며, 『말도로르의 노래』에 대한 존재론적 해명을 위한 예비 단계로서 도스토옙스키의 『죄와 벌』의 주인공 라스콜니코프에 대한 존재론적 해명이 함께 이루어졌다. 『죽음을-향한-존재와 윤리』 역시 하이데거의 존재론을 새롭게 해석할 목적으로 두 예술가의 예술 세계를 다룬다. 진정으로 현대적인 문학과 예술의 출발점이라고 할 수 있는 『악의 꽃』의 시인 보들레르가 그 하나이고, 오스트리아 출신의 화가로서 자신의 멘토이자 후원자였던 구스타프 클림트와 마찬가지로 삶과 죽음의 관계를 회화적으로 표현하는 데 주력했던 오스트리아의 화가 에곤 실레가 나머지 하나이다.

『순간의 존재』머리말에서 필자가 했던 말은 이 책을 위해서도 유효하다. 이 책의 내용을 적확하게 이해한 독자라면 필자가 열어 놓은 철학적 사유의 새로움을 직감하고 전율할 것이다. 여기서 '적확함'이란 단순히 논리적 의미연관을 적절하게 잘 해석했음을 뜻하지 않는다. 그것은 다만 이 글을 통해 제기된 철학적 사유를 새로운 체험적 현실을 생성하는 정신적 감각기관으로서 이해하고 수용할 역량을 가리킬 뿐이다.

⚜

왜 이 책은 『죽음을-향한-존재와 윤리』라고 명명되었는가? 아마 이 물음을 잘 해명하는 데는 먼저 '명명命名'이라는 한자어에 대해 생각을 정리하는 것이 도움이 될 것이다. '명명'의 사전적 의미는 '사람이나 물건에 이름을 지어 붙임', '사람, 사물, 사건 따위의 대상에 이름을 지어 붙임' 등이다.

흥미로운 것은 '명명'의 한자어가 목숨을 뜻하는 '命'과 이름을 뜻하는 '名'으로 이루어져 있다는 것이다. 물론 '命'이 지닌 많은 뜻 가운데 '이름 짓다, 이름을 붙이다' 등도 있으니 '命'의 뜻을 꼭 '목숨'으로 풀어야 할 이유는 없을 것이다. 그래도 필자는 '命名'의 '命'에 '목숨'의 의미가 함축되어 있으리라는 느낌을 지울 수 없다. '命'의 뜻 가운데는 '하늘의 뜻, 천명天命' 등도 있고, '도道, 자연自然의 이법理法' 등도 있으니 '命

名’의 ‘命’은 모든 사물의 이름에 그것이 그것으로서 존재하도록 하는 어떤 근원적인 원리나 이치 같은 것이 담겨 있어야 한다는 뜻으로 볼 수 있을 것이다. 그런데 ‘명명’하는 것은 결국 인간이고, 그런 점에서 ‘사물의 이름에 그것이 그것으로서 존재하도록 하는 어떤 근원적인 원리나 이치 같은 것이 담겨 있어야 한다’라는 문장의 당위성 역시 ‘명명’하는 인간을 향한 것이라고 볼 수 있다. 한마디로, 인간에게는 사물의 이름을 천명이나 도, 자연의 이법에 맞게끔 잘 지어야 하는 윤리적 의무가 주어져 있다는 것이다.

그렇다면 이러한 윤리적 의무는 대체 무엇을 위한 것인가? 인간 중심의 관점에서 보면, 무엇보다도 우선 인간 자신을 위한 것이다. 그러나 인간 역시 천명이나 도, 자연의 이법을 잘 따라야 하는 존재자라는 점에서 보면, 존재하는 모든 것을 망라하는 것으로서의 자연을 위한 것이기도 하다. 달리 말해, ‘명명’의 한자어인 ‘命名’은 인간에게 두 가지 목적을 위해, 즉 인간을 위함의 목적과 자연을 위함의 목적을 위해, 사물의 이름을 잘 지어야 한다는 당위적 의무를 부과하는 말이다.

그렇다면 ‘명명’은 인간을 위함의 목적과 자연을 위함의 목적을 잘 일치시켜야 한다는 뜻으로 인간에게 부과된 명령인 셈이다. 어떻게 하면 우리는 인간을 위함의 목적과 자연을 위함의 목적을 잘 일치시키는 방식으로 사물의 이름을 지을 수 있을까? 가장 간단한 대답은 인간의 여러 성향 가운데 자연적이지 못한 것은 최대한 감소시키고, 반대로 자연적인 것은 최대한 증가시키는 방식으로 사유하고 행위해야 한다는 것이다. 인간과 인간을 제외한 자연 사이의 불일치가 커지면 커질수록 인간을 위함의 목적과 자연을 위함의 목적을 잘 일치시키기가 어려워질 것이기 때문이다. 그렇다면 인간의 여러 성향 가운데 가장 자연스러운 것은 무엇인가? 아마 즐거움, 기쁨, 쾌락 등을 추구하는 성향일 것이다. 생명체 가운데 자신이 기꺼워할 만한 감각 및 정감과 꺼려 할 만한 감각 및 정감을 구분할 수 있는 모든 것은 당연히 자신이 기꺼워할 만한 감각 및 정감을 추구하고, 반대로 자신이 꺼려 할 만한 감각 및 정감은 최대한 멀리하려 할 것이다. 그런데 인간이 기꺼워할 만한 감각 및 정감은 즐거움, 기쁨, 쾌락 등이며, 그런 한에서 인간의 여러 성향 가운데 가장 자연스러운 것은 즐거움, 기쁨, 쾌락 등을 추구하는 성향일 수밖에 없는 것이다.

간단히 말해, 인간이란 본래 즐거움, 기쁨, 쾌락 등을 추구하는, 그리고 그런 점에서 분명 자연적인 존재이다. 그런데 당위성이란, 윤리 및 규범에 의거해 인간에게 내려지는 명령인 한에서, 순수하게 자연적인 것이라고 보기 어렵다. '명령'이라는 한자어에 담긴 당위적 명령의 의미에 관해 생각해 보자. 왜 우리는 인간을 위함의 목적과 자연을 위함의 목적을 잘 일치시켜야 한다는 당위적 명령을 수령해야 하는가? 물론 우리에게 두 가지 목적을 잘 일치시키지 못할 가능성이 있기 때문이다. 그렇다면 우리에게 두 가지 목적을 잘 일치시키지 못할 가능성이 있는 까닭은 무엇인가? 이 물음에 대한 여러 가능한 대답은 아마 크게 두 가지로 구분될 수 있을 것이다. 하나는 인간은 자신의 지성으로 인해 과도하게, 혹은 지나치게 인위적으로, 인간을 위함의 목적을 추구하게 되었다는 것이다. 또 다른 하나는 인간은 인위적 문명과 제도 등으로 인해 인간을 위함의 목적을 추구하기 위해 무엇을 어떻게 해야 할지 잘 판단하지 못하게 되었다는 것이다. 전자의 예로는 인간이 만들어 낸 여러 문명의 이기 때문에 자연의 생태계가 파괴되는 경우를 들 수 있을 것이다. 후자의 예로는 권력과 명예, 부 등을 얻으려는 과도한 욕심과 야망 때문에 자유분방하고 떳떳한 삶의 행복을 추구하지 못하게 되는 경우를 들 수 있을 것이다.

하지만 보다 면밀하게 인간에게 부과되는 이런저런 윤리적·규범적 명령들의 의미에 관해 성찰해 보면, 존재론적으로 매우 흥미로운 점이 하나 발견된다. 그것은 윤리적·규범적 명령들이란, 그리고 윤리적·규범적 명령들 속에 담긴 당위성이란, 결국 인간이 할 수도 있고, 또 경우에 따라서는 기꺼이 하려고 하기도 하는 행위를 금기시하는 성격을 지니고 있다는 점이다. 인간이 할 수도 있고, 또 경우에 따라서는 기꺼이 하려고 하기도 하는 행위란 대체 어떠한 것인가? 물론 즐거움,

기쁨, 쾌락 등과 연관된 행위이다. 행위 자체를 통해서나 행위의 결과를 통해 아무 즐거움, 기쁨, 쾌락 등도 인간에게 생겨나지 않는다면, 인간은 결코, 적어도 의도적으로는, 윤리와 규범이 금기시하는 것을 행하려 하지 않을 것이다. 그러니 결국 윤리와 규범, 당위성 등은 인간에게 자신의 자연적인 성향을 거스르라는 명령의 의미를 함축하고 있는 셈이다. 물론 인위적인 문명 세계에서 인간이 추구하는 즐거움, 기쁨, 쾌락 등은 결코 자연스러운 것이 아니라고 주장할 수도 있을 것이다. 그러나 이러한 주장은 즐거움, 기쁨, 쾌락 등을 추구하는 —자연스럽지 못하고 인위적인— 방식이나, 즐거움, 기쁨, 쾌락 등을 안겨 주는 —자연스럽지 못하고 인위적인— 행위나 사물 등에 관한 것일 뿐이다. 즐거움, 기쁨, 쾌락 등을 추구하는 성향 자체는, 생명체 가운데 자신이 기꺼워할 만한 감각과 꺼려 할 만한 감각 내지 정감을 구분할 수 있는 모든 것은 당연히 자신이 기꺼워할 만한 감각 내지 정감을 추구하고, 반대로 자신이 꺼려 할 만한 감각 내지 정감은 최대한 멀리하려할 것이라는 바로 그러한 점에서, 순연하게 자연적인 것이라고 볼 수 있을 것이다. 결국 윤리와 규범, 당위성 등은 ① 인간이 자신의 지성으로 인해 과도하게, 혹은 지나치게 인위적으로, 인간을 위함의 목적을 추구하지 못하게 하거나, ② 인위적 문명과 제도 등으로 인해 인간을 위함의 목적을 추구하기 위해 무엇을 어떻게 해야 할지 잘 판단하지 못하게 된 인간의 무능력이 초래할 부정적 결과를 막으려고, 즐거움, 기쁨, 쾌락 등을 추구하는 인간의 순연하게 자연적인 성향을 억압하거나 왜곡시키는 것이라는 결론이 따라 나온다.

　윤리와 규범, 당위성 등이 지닌 이 두 가지 목적 가운데 첫 번째 목적은 분명 자연을 위한 것이다. 과도하게, 혹은 지나치게 인위적으로, 인간을 위함의 목적을 추구하는 것이 자연에 가할 수 있는 손상을 줄여야 한다는 것이 그 실질적인 의미이기 때문이다. 하지만 두 번째 목적은 인간을 위한 것이면서 동시에 자연을 위한 것일 수도 있고, 인간만을 위한 것일 뿐, 자연을 위한 것은 아닐 수도 있다. 인간의 무능력이 초래할 부정적 결과를 막아야 한다는 당위성의 바탕에 인간과 자연 사이의 균형과 조화가 유지되는 것이 인간을 위해서도 바람직하다는 관점이 깔려 있으면 전자이고, 인간만을 위한 일방적인 관심과 자연 자체의 존엄성에 대한 철저한 무관심과 무시가 깔려 있으면 후자이다.

　윤리와 규범, 당위성 등의 목적을 어떻게 이해하든 한 가지는 분명하다. 윤리와 규범, 당위성 등은, 인간을 위한 것이든, 자연을 위한 것이든 상관없이, 즐거움, 기쁨, 쾌락 등을 추구하는 인간의 순연하게 자연적인 성향을 억압하거나 왜곡시키는 것이다. 물론 규범의 이름으로 즐거움, 기쁨, 쾌락 등을 추구하는 자신의 성향이 억압되거나 왜곡되는 것을 감수해야 하는 존재자는 그렇지 않은 존재자보다 변변치 못하다. 여기서 변변치 못함이란 무엇보다도 우선 '자신이 원하는 대로 거리낌 없이 살 수 없음'이라는 뜻을 지닌다. 인간의 본성은 선한 것인가? 그렇다면 규범의 이름으로 즐거움, 기쁨, 쾌락 등을 추구하는 자신의 성향이 억압되거나 왜곡되는 것을 감수해야 하는 인간은 자신의 선한 본성의 자연스러운 발로로서 순연한 즐거움, 기쁨, 쾌락 등을 추구할 수 없게 된 존재자로서 변변치 못하다. 혹시 인간의 본성은 선하기는커녕 악한 것인가? 그렇다면 인간은, 적어도 규범의 제약을 받는 한에서는, 자신의 악한 본성의 자연스러운 발로로서 순연한 즐거움, 기쁨, 쾌락 등을 추구할 수 없게 된 존재자로서 변변치 못하다.

그런데 인간이란, 혹은 존재론적 의미로 현존재란, 언제나 이미 규범화된 일상세계 안에서 언제나 이미 규범화된 정신으로 실존하는 존재자이다. 그렇다면 인간 현존재란 본래적이고 근원적으로 변변치 못한 존재자라는, 즉 자신이 원하는 대로 거리낌 없이 살 수 없는 존재자라는, 결론이 나오는 셈이다. 달리 말해, 인간 현존재란, 언제나 이미 규범화된 정신으로 실존하는 존재자로서, 순연한 즐거움과 기쁨, 쾌락 등을 추구하는 법을 잃어버린 존재자이다. 바로 그 때문에 일상적 존재자로서의 현존재가 추구하는 즐거움과 기쁨, 쾌락 등은 늘 누군가의 희생과 고통으로부터 비롯된 것이기도 하고, 누군가의 희생과 고통의 원인이기도 하다. 규범의 한계 안에서 긍정적인 감각 및 정감을 추구함이란, 긍정적인 감각 및

12

정감을 순연한 그 자체로서 추구하지 못하도록 자신이나 타자를 훼방하는 제도적 폭력을 굴욕적으로 받아들임을 전제하는 것이기 때문이다.

❧

전통 윤리학의 관점에서 보면, 인간이 추구하는 즐거움이 누군가의 희생과 고통으로부터 비롯된 것이면서 동시에 누군가의 희생과 고통의 원인이기도 하다는 식의 성찰은 왜 인간이 윤리 및 규범을 필요로 하는 존재자인지에 대한 논리적 증명과도 같은 의미를 지닌다. 그러나 존재론적 관점에서 보면, 문제가 그리 단순하지 않다.

현존재가 언제나 이미 규범화된 일상세계에서 언제나 이미 규범화된 정신으로 실존하는 존재자라는 말은 현존재가 근원적으로 심판하며 실존하는 존재자라는 말과 같다. 윤리와 규범이란, 결국, 윤리적으로 올바른 인간과 올바르지 못한 인간을 구분하도록 하는 기준과 같은 것이기 때문이다. 어떠한 인간이 윤리적으로 올바른 인간으로 심판되어야 하는가? 윤리와 규범이 허용하는 한도 내에서만 즐거움, 기쁨, 쾌락 등을 추구하는 존재자이다. 그렇다면 어떠한 인간이 윤리적으로 올바르지 못한 인간으로 심판되어야 하는가? 물론 윤리와 규범이 허용하는 한도를 넘어서 즐거움, 기쁨, 쾌락 등을

13

추구하는 존재자이다. 극단적으로 금욕주의적인 윤리와 규범을 심판의 근거로 삼는 경우, 심지어 즐거움, 기쁨, 쾌락 등을 추구함 자체가 이미 올바르지 못한 인간으로 심판될 충분한 기준과 근거가 된다. 그렇다면 윤리 및 규범의 이름으로 행해지는 심판이란 각자가 윤리와 규범이 허용하는 한도 안에서만 즐거움을 추구하도록, 혹은 극단적인 경우, 즐거움을 추구하는 자신의 성향을 스스로 무화하도록, 현존재를 몰아세우는 일종의 권력 기제라는 결론이 나오는 셈이다.

물론 윤리와 규범에 의해 즐거움을 추구하는 데 제약을 받게 된 존재자는 자신이 원하는 대로 거리낌 없이 살 수 없는 존재자이고, 이러한 존재자는, 앞에서 언급되었듯이, 기본적으로 변변치 못한 존재자이다. 그런데 현존재를 몰아세우는 윤리 및 규범의 힘은 현존재가 언제나 이미 규범화된 정신으로서 자신뿐 아니라 타자 역시 심판하는, 더 나아가 심판에 의거해 처벌하는, 존재자라는 것에 기인하는 것이다. 즉, 현존재와 공동 현존재 사이의 존재론적 관계는, 적어도 언제나 이미 규범화된 일상세계 안에-있음의 관점에서 헤아리는 한에서는, 서로가 서로에 대해 잠재적·현실적 처벌자이자 도살자로서 존재하는 관계라고 볼 수 있다.

아마 누군가는 도살이라는 말이 규범에 의거해 심판하는 인간의 정신을 지나치게 부정적으로 묘사하는 것이라고 여길지도 모르겠다. 우선 분명히 밝히고 싶은 것은 필자에게는 규범에 의거한 심판을 긍정적으로나 부정적으로 묘사하려는 의도 같은 것은 조금도 없다는 것이다. 필자가 원하는 것은 존재론적 진실을 발견하고 드러내는 것뿐이다. 다음으로, 규범은 타인에 대한 맹목적인 폭력성을 순화하고 제어하는 기능을 가지고 있기도 하지만, 반대로 타인에 대한 폭력의 정당성을 확신하도록 함으로써 타인에게 규범의 이름으로 행사되는 폭력을 당연한 것으로 여기도록 하는 기능 또한 가지고 있기도 하다는 것을 염두에 둘 필요가 있다. 자신이 규범에 의거해 누군가를 죽어 마땅한 죄인으로 심판하는 경우를 생각해 보라. 이 경우 자기 안에는 타인을 죽이고자 하는 소망과 의지가 규범에 의해 정당화된 것으로서 이미 생성되어 있는 셈이다. 죽어 마땅한 자라면 응당 죽임당해야 한다는 믿음이 누군가를 죽어 마땅한 죄인으로 심판함의 실질적인 내용이기 때문이다. 그러니 규범에 의거해 심판하는 정신을 지닌 인간들의 공동체적 관계는 서로가 서로에 대해 잠재적·현실적 도살자로서 존재하는 관계와 다르지 않다. 적어도 인간이란 본래 규범이 금하는 바를 행할 가능성을 자신에게서 완전히 무화할 수 없는 존재자라는 것을 전제하는 한에서는 그러하다.

결국 현존재와 공동 현존재 사이의 존재론적 관계는 서로가 서로를 잠재적으로나 현실적으로 처벌하고 죽이는 불구대천의 원수 사이의 관계이기도 하고, 동시에 서로가 서로를 잠재적으로나 현실적으로 부단히 살리는 호혜적 관계이기도 하다. 왜 서로가 서로에 대해 잠재적·현실적 처벌자이자 도살자로서 존재하는 현존재와 공동 현존재 사이의 관계가 불구대천의 원수 사이의 관계일 뿐 아니라 동시에 서로가 서로를 부단히 살리는 호혜적 관계이기도 한가? 물론 현존재가 추구하는 즐거움 가운데 타자의 희생과 고통을 요구하는 것이 있기 때문이다. 현존재와 공동 현존재가 서로에 대한 잠재적·현실적 처벌자이자 도살자로서 존재함을 자각함이야말로, 실은 현존재와 공동 현존재가 서로에게 희생과 고통을 초래할 말과 행위를 스스로 자제하도록 하는 존재론적 원인이자 근거이다. 그런 한에서, 역설적이게도, 현존재와 공동 현존재 사이의 함께-있음의 존재론적 가능 근거는 '죽음 및 죽임의 가능성이 언제나 이미 임박해 있는 일종의 존재론적 도살장으로서 —언제나 이미 규범화되어 있는— 일상세계를 해석하고 이해함'인 셈이다.

⁓

필자가 『죽음을-향한-존재와 윤리』라고 명명된 이 책에서 보들레르와 실레를 다루는 것은 이 두 예술가의 생애와 작품을 통해 일상세계란 —하이데거가 자신의 주저 『존재와 시간』에서 일상세계를 죽음으로부터의 도피처로 규정한 것과 달리— 일종의 존재론적 도살장이라는 존재론적 진실이, 아울러 현존재란 자신이 그 안에서 실존하는 일상세계를 자신의 죽음의 가능성이 언제나 이미 임박해 있는 하나의 세계-무덤으로서 자각하고 있는 존재자라는 또 하나의 존재론적 진실이, 매우 분명하게, 표본적으로, 드러나 있기 때문이다. 『순간의 존재』를 읽어 본 독자라면, 필자가 같은 이유로 『순간의 존재』에서 로트레아몽의 『말도로르의 노래』와 도스토옙스키의 『죄와 벌』을 존재론적으로 분석하고 해명했다는 것을 이미 알고 있을 것이다.

보들레르는 어떠한 예술가인가? 언제나 이미 규범화된 일상세계에서 언제나 이미 규범화된 정신으로 실존하는 현존재란, 순연한 즐거움을 추구하는 법을 잃어버린 존재자라는 진실을 깨닫고 과감하게 순연한 즐거움을 **감행**하려 한 시인이다. 보들레르의 작품들 속에서 곧잘 등장하는 '시인'이라는 시어는 바로 이러한 존재자를 가리키는 말이다.

그렇다면 실레는 어떠한 예술가인가? 실레는 보들레르와 달리 순연한 즐거움을 감행할 만큼 과감한 정신을 지니지는 못했다. 그러나 실은 바로 그 때문에, 실레는 현존재로 하여금 순연한 즐거움을 추구하지 못하도록 하는, 즉 현존재가 추구하는 즐거움을 언제나 이미 왜곡되고 이지러진 것으로 만들어 버리는, 일상적 경향으로부터 가장 자유로운 존재자가 될 수 있었다. 왜 이러한 결과가 생겨날까? 감행이란 '감행해야 함'이라는 의미의 당위성을 함축하는 것이기 때문이다.

순연한 즐거움을 감행하려 한 시인으로서, 보들레르는 분명 현존재의 나아갈 길을 탁월한 방식으로 제시하는 표본이며, 바로 그 점에서 존재론적으로 매우 훌륭하다. 그러나 보들레르의 '시인'은, 대개의 일상적 현존재와 달리 일상의 질곡을 떨쳐 내고 순연한 즐거움을 감행할 줄 아는 탁월한 존재자의 표본으로서, 현존재로 하여금 지금의 자기를 스스로 무화하고 부정하도록 몰아세우는 존재자의 이상으로 기능할 가능성을 지니고 있다. 그것은 마치 예수가 무한한 사랑과 화해의 정신을 상징함에도 불구하고 예수를 구세주로서 받아들이는 기독교의 역사는 잔혹한 폭력과 투쟁으로 점철된 것과 같다. 보들레르의 '시인'이나 기독교의 예수를 비롯해, 인간의 한계를 무한히 초월하는 어떤 탁월한 존재자의 이상을 제시함은 무한한 살림의 가능 근거로 작용할 수도 있지만 반대로 무한한 죽임의 가능 근거로 작용할 수도 있다. 이상이란 본래 현실적인 것을 부정하고 무화할 당위성 위에 서 있는 것이기 때문이다.

　　거칠게 말해, 모든 종류의 초월자는 이중의 가능성이 그 안에서 하나로 통일된 존재자이다. 하나는 신으로 존재할 가능성이다. 또 다른 하나는 악마로 존재할 가능성이다. 보들레르는 본래 초월자의 이념이 지니고 있는 이러한 이중의 가능성을 매우 날카롭게 파악한 시인이었다. 어떤 의미에서, 보들레르의 '시인'은 초월자의 이념이 지니는 이중의 가능성으로부터 온전히 벗어나 모든 것을 그 존재 자체에서부터 순연하게 긍정할 가능성을 스스로 순연한, 즉 규범에 의거해 심판하는 정신과 무관한, 즐거움을 감행함으로써 발견하고 실현하려 애쓰는 존재자라고 규정될 수 있다. 그러나 유감스럽게도, 보들레르의 '시인' 역시 초월자의 이념이 지니는 이중의 가능성과 무관할 수 없다. 보들레르의 '시인' 역시 일종의 초월자로 해석될 가능성으로부터, 그럼으로써 신으로 존재할 가능성과 악마로 존재할 가능성을 동시에 실현해 나가는 역설적이고 자가당착적인 존재의 운동의 근거가 될 가능성으로부터, 자유롭지 못하다는 뜻이다.

순연한 즐거움을 감행할 만큼 과감한 정신을 지니지 못한 실레가 존재론적으로 보면 더욱 순수하고 본래적인 현존재일 수 있는 까닭이 바로 여기에 있다. 실레는, 자신이 그 안에서 실존하는 일상세계의 세계-무덤으로서의 성격을 분명하게 자각하고 있으면서도, 일상세계와 타협하지 않고 오직 자신의 즐거움만을 추구하기를 시도한 화가이다. 간단히 말해, 보들레르의 '시인'은 '시인'이 아닌 모든 현존재를 '시인'-아닌 존재자로서 판단함에 의거해 생성되는 이념적 존재자이거나, 설령 그렇지 않다고 할지라도, 결국 이러한 존재자로서 해석될 가능성으로부터 자유롭지 못한 존재자라고 볼 수 있다. 반면 실레는 주로 언제나 이미 규범화된 정신으로 실존하는 공동 현존재에 의해 심판을 당하는 자로서의 자기의식을 지니고 있었으며, 이러한 자기의식이 자기-아닌 존재자로서 공동 현존재를 심판하려는 경향을 압도하고 있었던 것으로 보인다. 바로 이러한 점에서 실레가 추구하는 즐거움은 공동 현존재에 대한 심판의 정신과 거의 무관한 것이라고 볼 수 있다. 그것은 도리어 자신을 규범과 본래적으로 무-연관적인 존재자로서 받아들일 뿐 아니라, 바로 이러한 이유로 공동 현존재에 대해 심판하기를 그친 판단중지의 정신만이 추구할 수 있는 즐거움이라고 볼 수 있을 것이다.

보들레르와 실레에 대한 필자의 서술이 보들레르가 실레보다 인간적으로 더 낮다거나 반대로 실레가 보들레르보다 낮다는 식의 주장을 담고 있다고 오인하지 않기를 바란다. 두 예술가(의 세계)를 비교하면서 인간적으로 누가 더 나은가 따지는 것 자체가 일종의 윤리적 판단일 수 있기 때문이다. 물론 존재론은 윤리학이 아니고, 윤리학이 되어서도 안 되며, 다만 존재의 진실을 드러내는 데만 전념해야 한다. 전통 윤리학의 관점에서 보면, '명명'이라는 한자어에 대한 앞의 설명에서 드러난 것처럼, 인간에게는 사물의 이름을 천명이나 도, 자연의 이법에 맞게끔 잘 지어야 하는 윤리적 의무가 주어져 있다. 또한 전통 윤리학의 관점에서 보면, 보들레르와 실레는 모두 윤리적으로 훌륭한 인격체로 인정받기는 어려운 예술가들이다. 그러나 필자는 어쩌면 보들레르나 실레 같은 예술가들이야말로 사물의 이름을 천명이나 도, 자연의 이법에 맞게끔 잘 지어야 하는 윤리적 의무를 다른 그 누구보다도 충실하게 감당해 낸 현존재로 규정될 수도 있지 않을까 하고 생각한다. 윤리, 규범, 당위성 같은 것은, 설령 그 목적과 명분이 인간의 어떤 자연성의 회복에 있다손 쳐도, 결국 인위적인 것이기 때문이다.

천명이나 도, 자연의 이법에 맞지 않는 모든 인간적인 것을 극복하려면, 무엇보다도 우선 즐거움을 추구하는 인간의 자연적인 성향을 억압하거나 왜곡하는 것을 발견해서 최대한 제거할 방법을 찾아내야 한다. 한마디로, 인간이란 사물의 이름을 천명이나 도, 자연의 이법에 맞게끔 잘 지어야 할 윤리적 의무를 다하기 위해서라도 스스로 윤리-초월적인 존재자가 되도록 애써야 하는 역설적인 상황에 처해 있는 존재자인 것이다. 솔직히 필자는 보들레르나 실레가 보통 사람들과 확연하게 구분되는 초인으로서의 인격을 갖춘 예술가였다고 생각하지 않는다. 그럼에도 보들레르의 작품 속에 등장하는 '시인'은, '신천옹'(알바트로스)은, '구름'과 '이방인'은, 그리고 실레의 세계-무덤 이미지 속에 등장하는 모든 경악하는, 절망하는, 낙담하는, 자신을 잃어버린, 불안과 우울로 가득한 눈빛의, 모든 인간 이미지는, 대체로 윤리-초월적인 존재자의 탁월한 표본들이다.

하이데거에 따르면, 현존재의 존재는 시간성이다. 필자는 현존재의 존재로서의 본래적 시간성은 오직 순연한 즐거움을 감행할 결의의 순간을 통해서만 드러난다고 본다. 오직 이러한 결의의 순간을 통해서만 —언제나 이미 규범화된 일상세계 안에-있음으로 규정될— 현존함의 비본래적 양태를 초극할 가능성이 발견될 수 있기 때문이다

차 례

"규범으로 인해 너와 나는 선을 넘지 않고 생활할 수 있게 되고, 바로 그러한 이유로 서로에게서 거의 일방적으로 친숙함을 느낄 뿐, 섬뜩함을 느끼지는 않는다. 그러나 규범이 너와 나에게 이것 하지 말라, 저것 하지 말라, 하고 끝없이 명령을 내린다는 사실 자체가 너와 내가 서로에게 근원적으로 섬뜩한 존재자라는 것을 알린다.

도덕은 금하는 것이며, 금하는 모든 말은 금하는 것을 할 가능성과 더불어 존재하는 존재자만을 향하는 법이다. 그러니 우리의 일상성에 규범성 역시 속해 있다는 사실은 우리가 그 안에서 사는 **세계가 근원적으로 하나의 무덤**이라는 것을 드러낸다. **결국 우리 모두는** 세계-무덤에서, **오직 무덤으로서의 세계 안에서만, 머물 수 있는 존재자**인 것이다."[1]

---

1 한상연(2021a), 113 이하. 원문 강조.

1장 | 서론: 일상세계의 본래적 참혹함

존재론적 용어로서의 죽음은 인간 현존재에게 일상적이고 비본래적인 자기와 구분되는 본래적인 자기가 따로 없음을 가리킨다

일상세계는 죽음으로부터의 도피처가 아니라 잠재적·현실적 죽음의 일상화를 그 가능 근거로서 지니는, 그리고 바로 이러한 점에서 본래적으로 참혹한 세계이다

순수한 지성의 관점에서 보면, 죽음 앞에서의 불안과 두려움으로부터 벗어나기 위해 죽음 뒤의 존재에 관한 불확실성을 지적으로 해소하려 애쓰는 것은 순연하게 어리석은 일일 뿐이다

일상적인 자기는 죽음 앞에서의 불안과 두려움으로부터 온전히 벗어날 가능성을 지니지 못하는 근원적인 한계 속의 존재자이다

존재론적 의미의 본래적인 자기는, 매 순간 새로워지는 존재의 근원적 전체성의 개별화된 표현으로서, 존재의 본래적인 의미로서의 시간성을 가리킨다

언제나 이미 규범화된 일상세계 안에서 현존재는 부단히 자신의 죽음을 살도록 내몰린다

이 책은 하이데거의 존재론을 규범 및 윤리와의 관계 속에서 재해석하면서 그 한계를 비판적으로 넘어서고자 하는 목적으로 기획되었다. 보통 표현주의 화가로 분류되는 오스트리아의 작가 에곤 실레의 생애와 몇몇 작품들에 대한 분석이 수반될 것이며, 진정으로 현대적인 예술과 문학의 본격적인 출발점이라고 할 수 있는 보들레르의 『악의 꽃』에 수록된 몇몇 시에 대한 분석 역시 병행될 것이다. 서론 뒤 이어질 본격적인 논의의 가장 앞에는 파울 첼란의 시 「죽음의 푸가」가 조금 다루어질 것이다. 모두 규범 및 윤리가 인간 현존재의 존재를 위해 지니는 의미를 해명하고자 함이다.

존재론적 용어로서의 죽음은 인간 현존재에게 일상적이고 비본래적인 자기와 구분되는 본래적인 자기가 따로 없음을 가리킨다

잘 알려진 것처럼, 하이데거는 자신의 주저 『존재와 시간』에서 인간 현존재를 죽음을-향한-존재로 규정한다. 하이데거에 따르면, 현존재의 자아 내지 자기는 두 가지로 분류될 수 있다. 일상적인 자기, 혹은 자신의 존재를 일상적인 방식으로 이해하는 비본래적인 자기가 그 하나이고, 죽음의 선구성 및 실존의 근본 기조로서의 불안을 통해 일상적인 자기의 비본래성을 자각하고 본래성을 회복할 결의가 일어나게 되는 순간의 자기, 혹은 본래적인 자기가 나머지 하나이다. 엄밀히 말해, 본래적인 자기라는 표현은 하이데거의 존재론을 설명하는 데 다소 부적합하다. 본래적인 자기가 비본래적인 자기와 별개로 일종의 개별적인 존재자로서 따로 존재한다는 식의 오해를 불러일으키기 쉽기 때문이다.

필자가 '본래적인 자기'를 '본래성을 회복할 결의(가 일어나게 되는 순간)의 자기'로 서술하는 이유는 하이데거의 저술에서 일상적인 자기와 확연히 구분되는 방식으로 존재하는 구체적인 존재자로서의 본래적인 자기에 대한 해명이 나오지 않기 때문이다. 그 이유에 대한 상세한 설명은 본문에서 제시될 것이다. 우선 한 가지만 분명히 해 두자. 하이데거의 존재론의 관점에서 보면, 일상적이고 비본래적인 자기와 별개로 존재하는 본래적인 자기란 난센스에 불과하다. 일상성 자체가 현존재의 근원적인 존재방식에 속하기 때문이다.

현존재의 존재의 일상성 및 비본래성은 본래성의 회복을 통해 무화無化될 수 있는 성격의 것이 아니다. 일상적 자기의 비본래성에 대한 자각은 일상적 자기와 별개로 존재하는 본래적인 자기의 존재를 근거로 삼아 이루어지는 것이 아니라, 실은 일상성 그 자체의 가능 근거이기도 한 현존재의 존재로서의 시간성이 탈존적으로 펼쳐지는 방식에 속한 것일 뿐이다. 시간성이란 지금까지 있어 온 자신의 과거 속으로 함몰되지 않고 도래할 미래의 자기를 부단히 새롭게 기획투사해 나가는 현존재의 존재를 뜻한다. 현존재의 근원적 존재방식으로서의 일상성 역시 현존재의 존재로서의 시간성이 탈존적으로 펼쳐지는 방식의 하나이다.

하이데거의 관점에서 보면, 현존재에게 일상적 자기의 비본래성의 자각을 가능하게 하는 것은 일상적인 자기로서 현존함이 지니는 도래할 미래의 넘어설 수 없는 한계로서의 죽음 때문이다. 죽음은 현존재에게 자신의 존재가 일상세계와 근원적으로 무-연관적인 것임을 알린다. 그럼에도 현존재는 일상세계 밖의 다른 곳에서 존재할 수 없다. 죽음의 선구성 및 실존의 근본 기조로서의 불안으로 인해 일상적인 자기의 비본래성을 자각하면서도 동시에 일상세계 밖의 다른 어떤 장소의 이념도, 설령 그러한 곳이 있다손 쳐도, 죽음을 통한 자기의 존재의 온전한 무화를 암시하는 일종의 망념으로서만 지닐 수 있는 존재자가 바로 현존재인 것이다.

일상세계는 죽음으로부터의 도피처가 아니라 잠재적·현실적 죽음의 일상화를 그 가능 근거로서 지니는, 그리고 바로 이러한 점에서 본래적으로 참혹한 세계이다

『존재와 시간』에 따르면, 일상세계는 친숙한 세계로서 죽음으로부터의 도피처이다. 필자가 이미 이전의 다른 저술에서도 밝혔듯이, 바로 이 지점에서 하이데거 존재론의 근본적인 문제가 하나 드러난다. 일상세계란 하이데거의 주장과 달리 죽음으로부터의 도피처와 같은 것으로만 규정될 수 없다. 그 이유를 우리는 일상세계가 언제나 이미 규범화된 세계라는 점에서, 현존재란 일상세계를 지배하는 규범적 의미연관에 의해 해석된 세계에서 실존하는 존재자라는 점에서 발견할 수 있다.

규범이란 기본적으로 죽음의 가능성과 두려움, 불안 등을 줄이거나 무화하는 방향으로 작용하는 것이다. 예컨대, 살인을 금하는 규범은 일상세계에서 살인이 일어날 가능성을 줄일 목적으로 마련된 것이며, 그런 점에서 우리로 하여금, 적어도 정상적으로 작동하는 한에서는, 죽음의 가능성과 두려움, 불안 등을 덜 느끼게 하는 것인 셈이다. 그러나 규범이 금하는 것은 결국 우리가 할 수도 있고 또 특정한 상황 속에서는 기꺼이 하려고 하기도 하는 것이다. 그렇지 않다면 금지하는 명령으로서의 규범이 생겨날 이유가 대체 무엇이겠는가? 그런 점에서 규범이란 규범이 금하는 바를 행하는 자에게 반드시 형벌이 가해질 것이라고 알리는 일종의 경고이자 협박이기도 하다. 규범이 가장 엄격하게 금하는 바를 행하는 자에게는 물론 가장 엄격한 형벌의 결과로서 ─육체적이거나 사회적인─ 죽음이 초래된다. 그런 점에서, 일상세계는, 하이데거의 주장과 달리, 죽음으로부터의 도피처를 뜻하지 않는다. 일상세계란 도리어 잠재적·현실적 죽음의 일상화를 그 가능 근거로서 지니는, 그리고 바로 이러한 점에서 본래적으로 참혹한 세계이다.

필자가 이 책에서 에곤 실레의 생애와 작품에 관한 존재론적 분석과 해명을 시도하는 것은 에곤 실레의 생애와 작품이 상기의 존재론적 진실, 즉 일상세계란 잠재적·현실적 죽음의 일상화를 그 가능 근거로서 지니는 본래적으로 참혹한 세계라는 것에 대한 표본적 예시이기 때문이다. 본문에서 본격적으로 논의하기 전에, 우선 죽음이 뜻하는 바가 무엇인지 되도록 평이한 방식으로 미리 생각을 정리해 보도록 하자.

순수한 지성의 관점에서 보면, 죽음 앞에서의 불안과 두려움으로부터 벗어나기 위해 죽음 뒤의 존재에 관한 불확실성을 지적으로 해소하려 애쓰는 것은 순연하게 어리석은 일일 뿐이다

죽음이란 무엇인가? 죽음은 분명 육체적 삶의 끝을 뜻한다. 그렇다면 육체적 삶의 끝은 우리의 존재의 완전한 종말을 뜻하는가? 이러한 물음은 『전유경箭喩經』에서 말룽카풋타가 붓다에게 가르침을 요구한 형이상학적 의문 가운데 하나와 같다. 잘 알려져 있듯이, 붓다는 말룽카풋타의 의문을 어리석은 것이라고 여겼다. 우리 인간들이 본래 풀 수 없는 문제라는 것이 그 이유 중 하나이고, 설령 풀 수 있다고 한들, 자신을 고통으로부터 해방하는 데는 아무 소용도 없다는 것이 또 다른 하나의 이유이다.

우리를 향한 붓다의 충고 내지 경고는 '독화살을 맞은 자는 이런저런 이론적 문제들을 풀려고 하기보다 우선 몸으로부터 독을 제거하는 것에 집중해야 한다'라는 말로 정리될 수 있다. 붓다의 말은 분명 옳다. 적어도 두 번째 이유에 관해서는 그렇다. 삶이 안겨다 주는 이런저런 문제들에 대한 이론적 이해는 우리 자신을 고통에서 벗어나도록 하는 것보다 우선시될 수 없다는 뜻이다. 아마 첫 번째 문제에 관해서도 붓다의 말이 옳을 것이다. 칸트 역시 우리에게 불멸의 영혼이 있는지 등에 관한 형이상학적 물음들은 순수이성의 한계를 넘어서는 것이라고 역설하지 않았는가.

붓다는 지혜로운 자이고, 말룽카풋타는 어리석은 자이다. 하지만 우리 자신이 어리석은 중생이기도 하니 말룽카풋타의 입장에서 조금 생각해 보도록 하자. 과연 우리의 존재가 육체의 죽음과 더불어 완전한 종말을 맞이하게 되는 것인지, 말룽카풋타는 왜 기어이 알아내기를 원했을까? 순수한 지적 쾌락을 얻기 위해서? 그랬을 수도 있다. 인간이란 꽤나 희한한 동물이어서, 호기심을 만족시키기 위해서라면 때로 크나큰 고통이나 죽음조차도 마다하지 않으니 말이다. 그러나 어쩌면 말룽카풋타가, 비록 붓다에 비하면 어리석지만, 대다수의 인간들보다는 현명한 지자知者였기 때문일 수도 있다. 우리에게 죽음이 불안과 두려움을 안겨 주는 까닭은 무엇인가? 바로 그 불확실성 때문이다. 우리에게 불멸의 영혼이 있음을 안다면, 혹은 반대로 우리의 존재가 육체의 죽음과 더불어 완전한 종말을 맞이하게 됨을 안다면, 죽음은 그리 두렵지 않을 수 있다.

우리에게 불멸의 영혼이 있다면, 죽음의 때는 우리에게 육체의 속박으로부터 벗어나도록 하는 해방의 순간일 것이다. 물론 죄가 있는 영혼이라면, 그리고 죄가 있는 영혼에게 벌을 주는 지옥의 존재를 알거나 믿으면, 죽음이 두려울 수도 있다. 그러나 자신에게 불멸의 영혼이 있음을 진정으로 아는 자가 어찌 영혼을 더럽히는 짓을 할 수 있을까? 이러한 자는 결코, 적어도 일부러는, 죄를 짓지 않을 것이다. 그렇다면 육체의 죽음이 우리의 존재의 완전한 종말을 뜻함을 아는 경우는 어떠할까? 이 경우, 죽음이란 우리에게 기껏해야 삶을 향한 아쉬움과 미련을 남길 뿐이다. 죽음의 과정이 고통스러울 것으로 예감되는 경우에는 아마 두려움이 우리를 찾아올 것이다. 그러나 그 두려움은 다만 고통에 관한 것일 뿐이다. 참으로 육체의 죽음이 자신의 존재에 완전한 종말을 가져온다는 것을 아는 자는 죽음을 두려워할 이유를 가지지 않을 것이다. 에피쿠로스의 주장처럼, 누구나 사는 동안에는 아직 죽지 않았고, 죽은 뒤에는 이미 존재하지 않는다. 그러니 죽음이란 산 자에게는 경험될 수도 없는 것이고, 기억될 수도 없는 것이며, 따라서 본래 무無에 불과한 것이다.

그런데 이러한 진실, 즉 우리에게 불멸의 영혼이 있음을 진정으로 아는 경우에도, 반대로 육체의 죽음이 우리의 존재의 완전한 종말을 뜻함을 아는 경우에도, 죽음을 두려워할 필요가 없게 된다는 진실은, 적어도 논리적으로만 보면, 죽음 앞에서의 두려움을 극복하지 못하는 인간은 순연하게 어리석은 자라는 것을 알린다. 우리에게 불멸의 영혼이 있든 없든 상관없이, 혹은, 육체의 죽음이 우리의 존재의 완전한 종말을 뜻하든 말든 상관없이, 죽음이란 본래 두려워할 필요가 없는 것이라는 것이 명백하기 때문이다.

아마 누군가는 우리에게 불멸의 영혼이 있을지 모른다고

의심하는 경우, 그리고 우리의 육체의 죽음 뒤에도 불멸의 영혼이 육체로서 현존할 때 지은 죄업으로 인해 고통에 시달릴 가능성을 배제할 수 없다고 생각하는 경우, 죽음의 불확실성을 지적으로 해소하기를 원하는 것은 어리석은 일이 아니라고 생각할지 모르겠다. 그러나 우리의 육체의 죽음 뒤에도 불멸의 영혼이 고통에 시달릴지 모른다는 생각이 죽음의 불확실성을 지적으로 해소하기를 원하는 것을 어리석지 않은 것으로 만들지는 않는다. 두 가지 경우를 상정해 볼 수 있다. 하나는 사는 동안 자신이 한 생각과 행동이 불멸의 영혼이 겪게 될 고통이나 기쁨 등에 영향을 끼치지 않는 경우이다. 나머지 하나는 반대로 사는 동안 자신이 한 생각과 행동이 불멸의 영혼이 겪게 될 고통이나 기쁨 등에 영향을 끼치는 경우이다. 전자의 경우, 죽음의 불확실성을 지적으로 해소할 이유는 사라진다. 죽음의 불확실성을 지적으로 해소해도, 불멸의 영혼이 겪을 고통이나 기쁨을 늘리지도 못하고 줄이지도 못할 것이기 때문이다. 그런데 후자의 경우에도 죽음의 불확실성을 지적으로 해소하기를 원할 필요는 없다. 예컨대, 선한 생각과 행동은 불멸의 고통이 겪게 될 고통은 줄이고 기쁨은 늘린다고 생각해 보자. 자신의 이익을 위해 무엇이 유리한지 이미 아는 자가 자신의 앎에 입각해서 하는 생각과 행동은 참된 의미로 선한 것일 수 없다. 말 그대로, 그는 자신의 이익을 구할 뿐이다. 그러니 선한 생각과 행동이 불멸의 영혼이 겪게 될 고통은 줄이고 기쁨은 늘리는지 알고자 하는 자는 도리어 선한 생각과 행동을 통해 불멸의 영혼이 겪게 될 고통을 줄이거나 기쁨을 늘릴 가능성을 무화하려 애쓰는 자일 뿐이다. 아니, 이러한 자는 실은 벌을 받아 마땅한 자이다. 육체로서 현존할 때 지은 죄업이 불멸의 영혼이 겪게 될 고통을 늘리지는 않을지 진지하게, 자신을 위한 염려 속에서, 알고자 하는 것 자체가 고통스러운 벌을 받지 않아도 될 경우, 죄업을 지을 마음이 있다는 것을 암시하기 때문이다.

결국 죽음이 두려운 까닭이 불확실성 때문임을 아는 지자조차도, 불확실성을 해소하려 애를 쓰는 한에서는, 어리석을 뿐이다. 우리에게 불멸의 영혼이 있든 없든, 육체의 죽음이 우리의 존재의 완전한 종말을 뜻하든 아니든, 죽음은 본래 두려워할 필요가 없기 때문이다. 지자가 대다수의 인간들보다 나은 점은 후자가 죽음을 두렵게 만드는 그 근본 원인으로서의 불확실성을 해소할 생각조차 하지 못하는 것에 비해 전자는 불확실성을 해소하려 최대한 지혜를 발휘해서 사유한다는 것이다. 그럼에도 어떤 지자도, 죽음의 두려움으로부터 벗어나기 위해 그 불확실성을 해소하려 애쓰는 한에서는, 우리에게 독화살의 비유 이야기를 들려준 붓다에 비해 무한히 어리석다. 불확실성을 해소할 이유 따윈 본래 존재하지 않기 때문이다.

일상적인 자기는 죽음 앞에서의 불안과 두려움으로부터 온전히 벗어날 가능성을 지니지 못하는 근원적인 한계 속의 존재자이다

필자는 죽음이란 본래 두려워할 필요가 없는 것이라는 결론이 잘못이라고 주장할 생각은 없다. 하지만 일상적인 자기 내지 경험적 자아의 관점에서 보면, 죽음은 결국 두려운 것일 수밖에 없다는 명제를 제기하고자 한다. 왜 그러한가? 우리에게 불멸의 영혼이 있든 없든 상관없이, 죽음이란 일상적인 자기의 완전한 무화를 뜻하기 때문이다. 아마 민감한 독자라면 '일상적 자기에게 자신의 완전한 무화로서의 죽음이 두려운 것일 수밖에 없다'라는 주장이 '육체의 죽음이 우리의 존재의 완전한 종말을 뜻함을 아는 경우, 죽음을 두려워할 필요가 없게 된다'라는 주장과 모순이라고 여길지도 모르겠다. 그러나 그렇지 않다. 일상적 자기는 죽음을 두려워할 필요가 없음을 알고 자신을 죽음 앞에서의 두려움으로부터 자유롭게 하는 지자로서의 자기와 동일하지 않기 때문이다.

'육체의 죽음이 우리의 존재의 완전한 종말을 뜻함을 아는 경우, 죽음을 두려워할 필요가 없게 된다'라는 주장은 번잡한 일상으로부터 벗어나서 초연히 지혜를 추구하는 자에게는 분명 타당하다. 그런데 조금이라도 지성을 지닌 인간에게는 옳고 그름의 문제를 순수한 지성의 관점에서 헤아리려 마음 쓰는 성향이 있기 마련이다. 인간에게는 순수한 지자의 입장을 취할 역량이 다소간 있다는 뜻이다. 바로 그렇기에 우리는 하나의 명제가 논리적으로 올바르다고 판단하면, 그 명제가 자신의 삶과 존재의 관점에서도 올바르다고 여기게 된다. 이때 우리는 자신의 삶과 존재를 순수한 지자의 삶과 존재와 같은 것으로 전제하는 셈이다.

이러한 전제는 단순히 올바른 것이라고 말할 수도 없고, 그른 것이라고 말할 수도 없다. 우리가 때때로 이런저런 사심과 욕망에 시달리는 정신으로 존재한다고 보면, 우리는 분명 순수한 지자가 아니다. 그러나 이런저런 사심과 욕망에 시달리면서도 순수한 지자의 입장을 취할 역량을 가지고 있다는 점에서 보면 순수한 지자가 우리 자아의 가장 내밀한 본질로서 존재하는 것이라는 —분명 형이상학적인— 결론을 아예 배제하기도 어렵다. 게다가 사심과 욕망에 시달리는 정신보다 순수한 지자가 되려 애쓰는 정신이 공평하고 정의롭게 판단할 수 있는 정신이라고 보면, 자신의 삶과 존재에 대해서도 사심과 욕망에 시달리는 일상적인 자기의 입장이 아니라, 순수한 지자로서의 자기의 입장에서 생각하고 판단하는 것이 더욱 바람직하다고 볼 수도 있다. 적어도 자신을 훌륭한 존재로 만드는 것이 보잘것없는 존재로 만드는 것보다 바람직하다고 보는 한에서는 그렇다. 사심과 욕망을 극복하지 못하는 정신보다 극복한 정신이, 그 때문에 순수한 지자로서 순수하고 정의롭게 생각할 수 있게 된 정신이, 분명 더 훌륭할 테니 말이다.

일상적 자기와 죽음 사이의 관계에 관한 문제를 다루기 전에 앞에서 다룬 두 가지 외견상 서로 모순관계에 있는 것처럼 보이는 명제에 관해 생각해 보자. 첫 번째 명제는 순수한 지자의 입장을 취하는 자는 죽음의 불확실성을 지적으로 해소하는 경우, 죽음을 두려워하지 않게 된다는 명제이다. 두 번째 명제는 죽음이란 본래 두려워할 필요가 없는 것이기에 죽음의 불확실성을 해소하려 애씀 자체가 어리석음의 표지라는 것이다. 첫 번째 명제는 순수한 지자의 입장을 취하는 자는 죽음을 두려워하지 않을 가능성을 발견하고 실현할 자라는 점에서 지혜롭다는 것을 함축한다. 반면 두 번째 명제는 순수한 지자의 입장을 취하는 자로서 죽음의 불확실성을 지적으로 해소하려 애쓰는 자는 죽음이란 본래 두려워할 필요가 없다는 것을 아직 알지 못한다는 점에서 어리석다는 것을 함축한다. 이러한 외견상의 모순을 해명할 가장 간단한 방법은 첫 번째 명제와 두 번째 명제가 암시하는 지혜로움과 어리석음이 절대적인 것이 아니라 상대적인 것이라고 지적하는 것이다. 말룽카풋타처럼 순수한 지자의 입장을 취하는 자는 대다수의 인간들보다 지혜롭지만, 붓다에 비하면 어리석다는 식으로 말이다.

이러한 지적은 인간이란 일종의 실존론적 한계상황 속의

존재자라는 것을 가리킨다. 지혜란 무엇인가? 이러한 물음에 대해서는 많은 해명이 있을 수 있을 것이다. 한 가지 분명한 것은 지혜로운 자는 자신의 한계를 극복해 나가는 자, 미래의 자기가 지금의 자기보다 더욱 훌륭해질 수 있도록 올바르게 마음 쓰고 처신하는 자라는 것이다. 그러니 지혜로운 자는 자신의 한계를 극복해 나가지 못하는 자들보다는 ―이러한 자들은 지혜롭다는 칭호와 어울릴 수 없다는 점에서― 분명 지혜롭지만, 완전한 존재로 자신을 아직 완성하지 못한 한에서는 완전한 존재에 비해 덜 지혜롭고 덜 훌륭한 자인 셈이다.

그런데 일상적 자기의 관점에서 보면, 적어도 일상적인 자기를 순수한 지자로서의 입장을 취하기보다 자기를 위해 필요한 것들을 마련하려 마음 쓰는 존재자로 이해하는 한에서는, 상기한 의미의 지혜로움이 자신을 위해 바람직하지 않은 것으로, 심지어 일종의 어리석음으로 보이기 쉽다. 왜 그러한가? 별로 어렵지 않은 문제이다. 자기를 위해 필요한 것들을 마련하려 마음 쓰는 존재자로서의 일상적 자기는 대개 되도록 돈을 많이 벌기를, 되도록 즐거움과 쾌락을 많이 누리기를, 성공하기를, 명예를 얻기를, 출세하기를 원하는 존재자이다. 그렇기에 일상적 자기에게 지혜란, 실은 자신의 일상적인 욕망들을 적절하게 잘 실현할 수 있도록 하는 판단력과 실천적 의지를 가리키는 말일 뿐이다. 그런데 순수한 지자로서의 입장을 취하는 자가 추구하는 지혜는 일상적 자기가 추구하는 욕망의 실현을 위해서는 별로 도움이 되지 않을 뿐 아니라, 심지어 해롭기까지 하다. 사심이 없어야 순수한 지자일 수 있기 때문이다. 그러니 일상적 자기의 관점에서 보면 순수한 지자로서의 입장을 취하는 자가 추구하는 지혜란, 실은 어리석음의 일종일 뿐이다.

이제 일상적인 자기 내지 경험적 자아의 관점에서 보면 죽음은 결국 두려운 것일 수밖에 없다는 명제에 관한 문제로 돌아가 보자. 순수한 지자의 입장을 취하는 자가 죽음의 불확실성을 지적으로 해소하는 경우, 죽음을 두려워하지 않게 된다는 명제는 사실 불완전한 명제이다. 죽음의 불확실성이 지적으로 해소되어도, 단순히 순수한 지자의 입장을 취하는 것을 넘어서 스스로 순수한 지자가 되지 못하면, 죽음 앞에서의 불안으로부터 벗어날 수 없을 것이기 때문이다. 왜 이러한 문제가 생겨날까? 앎에 대한 명확한 정의가 수반되지 않았기 때문이다.

앎을 단순히 '머리로 헤아려서 그저 그렇다고 알게 됨' 정도로 이해하면, 설령 알아도 죽음 앞에서의 불안으로부터 벗어나기 어렵다. 그러나 앎을 '온전한 깨달음'이라는 뜻으로 이해하면, 진정으로 아는 자는 죽음 앞에서의 불안으로부터 완전히 벗어나게 된다는 결론으로 이어지게 된다. '순수한 지자의 입장을 취하는 자가 죽음의 불확실성을 지적으로 해소함'과 '순수한 지자의 입장을 취하는 자가 온전한 깨달음으로서의 앎을 통해 실제로 순수한 지자가 됨'이 실질적으로 같은 것을 뜻하기 때문이다. 결국 일상적인 자기 내지 경험적 자아의 관점에서 보면, 죽음이란, 설령 그 불확실성이 해소된다고 하더라도, 두려운 것일 수밖에 없는 셈이다. 일상적인 자기란 순수한 지자가 되지 못한 존재자이기에 죽음의 불확실성에 관한 일상적 자기의 앎이란 '온전한 깨달음'이 아니라 '머리로 헤아려서 그저 그렇다고 알게 됨'을 뜻하기 때문이다.

존재론적 의미의 본래적인 자기는, 매 순간 새로워지는 존재의 근원적 전체성의 개별화된 표현으로서, 존재의 본래적인 의미로서의 시간성을 가리킨다

전통적인 윤리학의 관점에서 보면, 우리는 마땅히 온전한 깨달음을 추구해야 한다. 이 점에서는 개인적 인격의 성숙을 도모하는 개인윤리의 관점에서나, 절대적이고 보편타당한 소위 이성적 규범의 발견 및 ―이성적 규범을 자신을 위한 유불리의 문제와 무관하게 무조건 지키고자 하는― 이성적 인격의 함양을 도모하는 규범윤리의 관점에서나 마찬가지이다. 개인적 인격의 성숙이란, 자신이 옳다고 믿거나 아는 바를 자신을 위한 유불리의 문제와 무관하게 지키고자 하는 이성적 인격의 함양과 실질적으로 같기 때문이다. 물론 정치적 관점

등에 입각해서 개인윤리와 규범윤리가 현실세계에서 작용하는 방식을 구분하는 일은 얼마든지 가능하다. 필자가 지적하는 것은 다만, 순수한 윤리학적 입장에서 고찰해 보면, 개인적 인격의 성숙이라는 개인윤리의 목적과 절대적이고 보편타당한 이성적 규범의 발견 및 이성적 인격의 함양이라는 규범윤리의 목적은 실질적으로 동일한 의미를 지닐 수밖에 없다는 것뿐이다.

필자는 우리가 마땅히 온전한 깨달음을 추구해야 한다는 것을 부정하지 않는다. 그러나 존재론적인 관점에서 보면, 전통적인 윤리학의 관점에서 규정되는 소위 온전한 깨달음이란 실제로는 결코 온전한 것일 수 없다. 암묵적으로 우리가 자신의 일상적인 자기를 스스로 부정하고 무화해야 함을 전제하기 때문이다.

아마 하이데거의 존재론에 익숙한 독자들 가운데는 일상적인 자기란 마땅히 부정되고 무화되어야 하는 것이 아닌가 하는 의문을 품는 이가 있을지도 모르겠다. 본문에서 상세하게 다루게 되겠지만, 존재론적으로 죽음의 선구성 및 현존재의 근본 기조로서의 불안이 일깨우는 본래적인 자기란 일상적인 자기를 자기-아님으로 부정하는, 혹은 부정하려 결의하는 순간의 자기이기 때문이다.

그러나 일상적인 자기를 자기-아님으로서 부정하는 순간의 자기가 별안간 천사가 되어 승천이라도 하리라고 생각할 수는 없다. 일상적인 자기를 자기-아님으로 부정하든 말든, 아무튼 현존재가 삶을 꾸려 갈 장소는 일상세계일 수밖에 없다는 뜻이다. 결국 존재론적으로 소위 본래적인 자기란, 시간의 흐름 속에서 구체적이고 실정적實定的인 존재자로서 지속하는 것이 아니라는 결론이 따라 나온다. 본래적인 자기란 지금 이 순간의 일상적인 자기를 부단히 자기-아님으로 부정함으로써 자기의 존재를 시간적이고 역사적인 것이 되도록 하는 현존재의 근원적 존재, 즉 존재론적 의미의 시간성을 가리키는 말일 뿐이다.

존재론적으로 현존재의 근원적 존재로서의 시간성과 지금의 일상적인 자기를 자기-아님으로서 부정하려는 결의의 순간, 그리고 본래적인 자기는 모두 존재 자체가 현존재의 존재에 근거를 두고 부단히 사물-아님no-thing으로서의 무無 안으로 자신을 넘겨주며 새로워짐을 가리키는 용어들이다. 일상적이고 비본래적인 자기와 별개로, 마치 영혼이나 이성처럼 본질적으로 비시간적이고 비역사적인 것으로서, 본래적인 자기가 존재하는 것이 아니다. 본래적인 자기란 시간의 근원적 근거인 현존재의 존재로서, 존재론적 의미의 시간성으로서, 일상적 현존의 과정 속에서 형성되어 온 일상적인 자기를 자기-아님으로 부정함으로써 자신의 존재를 도래할 미래와의 관계 속에서 매 순간 새롭게 하는 것으로서, 탈존하는 자기일 뿐이다. '탈존'이라는 말에 주목해 주기를 바란다. 탈존하는 자기로서, 본래적인 자기는 자신이 자기-아님으로 부정하는 것과 별개로 존재하는 존재자일 수 없다. 그것은 다만 매 순간 새로워지는 존재의 근원적 전체성의 개별화된 표현일 뿐이다. 존재론적으로 본래적인 자기란 고립된 실체적 개별자가 아니라, 바로 자신의 존재를 통해 일상세계를 지배하는 도구적 의미연관으로 환원될 수 없는 존재 자체가 그 근원적 전체성 가운데 매 순간 새로워지도록 하는 존재론적 근거를 가리키는 용어인 것이다.[2]

필자는 앞에서 전통적인 윤리학의 관점에서 규정되는 소위 온전한 깨달음이란, 실제로는 결코 온전한 것일 수 없다고 주장한 바 있다. 그리고 그 까닭을 그것이 암묵적으로 우리가 자신의 일상적인 자기를 스스로 부정하고 무화해야 함을 전제하기 때문이라고 설명했다. 전통적인 윤리학의 관점에서 보면, 온전한 깨달음이란 일상적인 자기의 이해관계를 완전히 초월해서 순수한 지자가 됨과 실질적으로 같은 것을 뜻하는 말이다. 순수한 지자라는 용어 대신 보편타당한 이성과 같은 용어를 써도 무방하다. 순수한 지자란 자기의 이해관계에 얽매이지 않고 보편타당한 이성의 관점에서 사유하는 자를 가리키는 말일 수밖에 없기 때문이다. 순수한 지자나 보편타당한 이성 같은 용어들은 암묵적으로, 우리 안에 본질적으로

---

2   한상연(2021b), 47 이하 및 239 이하 참조.

비시간적이고 비역사적인, 그리고 그러한 점에서는 형이상학적 실체와 마찬가지인, 어떤 정신적인 것이 우리 자신의 일상적인 자기 내지 경험적인 자아와 별개의 존재자로서 존재함을 전제한다. 그런 점에서 순수한 지자 내지 보편타당한 이성의 관점이란, 존재에게 균열을 초래하는 관점이고, 균열된 존재로부터 순수한 지자 내지 보편타당한 이성의 존재 및 이성에 의해 순수하게 이념적인 것으로 파악된 존재만을 취한 뒤 나머지는 마땅히 부정당해야 할 것으로서, 무화되어야 할 것으로서, 존재의 영역 밖으로 내버리도록 우리를 몰아세우는 관점이다. 순수한 지자 내지 보편타당한 이성의 관점이 우리에게 버리도록 하는 것은 무엇인가? 현실적인 모든 것, 관념론적 의미로 현실적인 것이 아니라, 우리 자신의 실존을 통해 구체적으로 존재하는 것으로서 발견된다는 의미로 현실적인 모든 것이다. 물론 그 안에는 우리 자신의 근원적으로 일상적인 자기가 포함된다.

바로 여기에 순수한 지자 내지 보편타당한 이성과 존재론적 의미의 본래적 자기 사이의 근본적인 차이가 있다. 양자는 일상적이고 구체적인 자기를 본래적인 자기-아님으로서 부정한다는 점에서는 같다. 그러나 전자가 근원적으로 비시간적인 것으로서 시간과의 관계 속에서만 파악될 수 있는 모든 현실적인 것과 엄밀히 구분되어야 할 별개의 존재자처럼 기능하는 반면, 후자는 오직 매 순간 새로워지는 존재의 근원적 전체성의 개별화된 표현으로서만 존재할 뿐이다. 거칠게 말하자면, 순수한 지자 내지 보편타당한 이성이란, 순수한 이념으로 환원될 수 없는 존재 자체에 대한 형이상학적 폭력의 기제이다. 반면 존재론적 의미의 본래적인 자기는, 매 순간 새로워지는 존재의 근원적 전체성의 개별화된 표현으로서, 존재의 본래적인 의미로서의 시간성을 가리킨다.

언제나 이미 규범화된 일상세계 안에서 현존재는 부단히 자신의 죽음을 살도록 내몰린다

잘 알려져 있듯이, 하이데거는 『존재와 시간』의 서론에서 현존재의 존재로서의 시간성Zeitlichkeit과 존재시간성Tempralität을 구분한다. 가다머처럼 『존재와 시간』을 존재론의 본령으로부터 벗어난 일종의 실패작으로 보는 연구자들은 종종 『존재와 시간』이 현존재의 존재로서의 시간성에 대해서만 기술할 뿐, 존재시간성에 대해서는 거의 아무 언급도 하지 않는다는 것을 그 근거로 삼는다. 그러나 시간성과 존재시간성이 따로 있는 것은 아니다. 본래적인 자기로서의 현존재의 존재 자체가 매 순간 새로워지는 존재의 근원적 전체성의 개별화된 표현 외에 다른 아무것도 아니기 때문이다. 시간성과 존재시간성이란, 현존재의 존재를 통해 개별화된 존재의 근원적 전체성을 현존재의 존재의 관점에서 서술하는지, 아니면 현존재가 그것과의 관계 속에서 탈존하는 존재 자체의 관점에서 서술하는지를 드러내는 용어들일 뿐이다.

이제 이러한 점을 염두에 두고서, 하이데거가 직시하지 못한 현존재의 근원적 존재방식으로서의 일상성을 규범성과의 관계 속에서 살펴보도록 하자. 모든 종류의 규범성은 현실이 마땅히 그것이 되어야만 하는 것으로서 상정된 이상理想을 전제한다. 이것은 규범이 일종의 당위적 명령으로 작용한다는 점에서 쉽게 확인된다. 왜 규범은 '마땅히 ~을 해야 함'을 알리는 명령의 형태를 띠는가? 물론 현존재가 규범이 명령하는 것을 행하지 않을 가능성을 지니고 있기 때문이다. 나에게 내가 마땅히 무엇을 해야 하는지 알려 주는 명령으로서, 규범은 암묵적으로 규범이 명령하는 것을 행하지 않을 수 있는 가능성의 존재로서의 나와 그러한 가능성을 스스로 무화해 나갈 가능성의 존재로서의 나를 구분한다. 전자는 현실적인 나이다. 규범이 명령하는 것을 행하지 않을 수 있는 가능성이 나에게 없으면, 나는 규범과 근원적으로 무관한 존재자이고, 규범이 내리는 명령을 수령할 필요가 없는 존재자이며, 만약 나뿐 아니라 나의 모든 공동 현존재가 그러하다면, 세상에는 당연히 규범이 존재하지 않을 것이다. 형식논리의 관점에서 보면, 후자는 현실적인 나인 전자와 달리 이상적인 나이다. 규범이 명령하는 것을 따르지 않을 현실적인 나의 가능성을 무화해 나간다는 점에서 현실적인 나와 반대의 의미를 지니는 나이고, 현실적인 것의 반대가 이상적인 것이라는 점에서, 결국 이상적인 나일 수밖에 없는 것이다. 그러나 실질적으로는 후자 역시 현실적인 나이다. 규범이 내리는 당위적 명령을 필요로 하는 곳은 결국 일상세계일 수밖에 없기 때문이라는 것이 그 이유 중 하나이고, 자신이 처한 구체적 상황을 이해하는 존재자로서의 나만이 규범이 내리는 당위적 명령의 구체적인 의미를 이해하고 자신에게 규범을 따를 것을 스스로 강제할 수 있다는 것 역시 그 이유 중 하나이다.

물론 원한다면 이성적 존재자로서의 본래적인 자아가 규범이 명령하는 것을 따르지 않을 경험적 자아의 가능성을 무화하는 것이라는 식으로 설명할 수도 있을 것이다. 존재론적 관점에서 보면, 이성적 존재자로서의 본래적인 자아의 존재를 긍정하는 것도, 반대로 부정하는 것도 적절하지 않다. 둘 다 형이상학적인 성격을 띠기 때문이다. 그러나 이성적 존재자로서의 본래적인 자아의 이념을 전제로 한다고 하더라도, 규범이 명령하는 것을 행하지 않을 현실적인 나의 가능성을 무화하는 것 역시 현실적인 나라는 존재론적 진실이 바뀌는 것은 아니다. 오직 구체적인 상황 속의 존재자로서의 나만이 규범이 명령하는 것이 무엇인지 구체적이고 명확하게 이해할 수 있고, 규범의 명령을 따르기를 거부하는 자신의 성향이 자신의 삶이나 타인의 삶에 초래할 구체적인 결과를 예기할 수 있으며, 이러한 이해를 근거로 삼아 규범이 명령하는 것을 따르지 않을 자신의 가능성을 스스로 무화하려 애쓸 수 있기 때문이다.

규범이 명령하는 것을 행하지 않을 가능성의 존재로서의 나와 그러한 가능성을 스스로 무화해 나갈 가능성의 존재로서의 내가 모두 현실적인 나로 규정되어야 한다는 것은 존재론적으로 무엇을 뜻하는가? 양자는 모두 현존재란 일상적인 존재자로서의 자기를 스스로 무화하고 부정할 두 가지 상반된 가능성과 함께 존재하는 존재자라는 것을 알린다.

일상세계가 언제나 이미 규범화된 것인 한에서, 일상적인 자기로서의 현존재는 자신의 삶과 존재를 일상세계를 지배하는 규범적 의미연관 속에서 해석하고 이해하는 경향에 빠져 있는 존재자일 수밖에 없다. 규범을 따르는 것이 자신을 위해서나 타인을 위해서나 바람직한 경우, 자신이 규범화된 존재자로서 존재한다는 것을 의식할 필요성은 주어지지 않는다. 그러나 규범을 따르는 것이 자신에게, 타인에게, 혹은 자신과 타인 모두에게, 바람직하지 않은 경우, 우리는 자기에게서 규범에 따르기를 거부하는 어떤 정신적 힘과 성향을 발견하게 된다.

이러한 순간은 일종의 선택의 순간이다. 나는 바람직하지 않음에도 불구하고 규범을 따를 것인지, 아니면 바람직하지 않기 때문에 규범을 따르지 않을 것인지 선택하고 결정해야 한다. 어떤 선택을 하든, 나는 결국 언제나 이미 규범화된 자기로서의 일상적 자기의 비본래성을 함께 자각하게 된다. 나는 바람직하지 않음에도 불구하고 규범을 따르기로 결정했는가? 그렇다면 나는 규범을 필요로 하는 현실적이고 일상적인 자기, 규범을 따를 수도 있고 따르지 않을 수도 있는 이중의 가능성의 존재자로서 존재하는 자기를 부정되어 마땅한 존재자로서 스스로 심판하고 무화하는 선택을 한 셈이다. 나는 규범이 암묵적으로 전제하는 이상적인 자기의 입장을 취한 것이며, 그럼으로써 현실적인 자기를 스스로 부정하고 무화한 것이다. 아니면 나는 반대로 바람직하지 않기 때문에 규범을 따르지 않기로 결정했는가? 이 경우에도 나는 규범을 필요로 하는 현실적이고 일상적인 자기, 규범을 따를 수도 있고 따르지 않을 수도 있는 이중의 가능성의 존재자로서 존재하는 자기를 부정되어 마땅한 존재자로서 스스로 심판하고 무화하는 선택을 한 셈이다. 이상하게 들리겠지만, 이러한 자기 역시 일종의 이상적인 자기, 반反-이상으로서의 역설적 이상을 추구하는 이념적 지향성의 존재자로서의 자기이다. 언제나 이미 규범화된 존재자로서의 일상적인 자기를 비본래적인 자기로서 부정하고, 그로부터 자신에게 유익한 것만 추구하는 순수하게 자연적이고 동물적인 것으로서 이상화된 자기를 되찾을 결의가 규범이 명령하는 것을 따르지 않을 존재자로서 자기의 가능 근거이기 때문이다.

죽음이란 무엇인가? 존재론적으로 보면, 죽음이란 일상적인 존재자로서의 자기의 완전한 부정과 무화의 순간을 가리키는 말이다. 그렇다면 현존재는 언제나 이미 규범화된 일상세계에서 부단히 자신의 죽음을 살도록 내몰리는 존재자인 셈이다. 규범을 따르기를 선택하든, 반대로 규범을 따르기를 거부하든, 현존재는 일상적인 존재자로서의 자기를 자기-아님으로서 심판하고 부정해야 하기 때문이다.

　아마 하이데거의 존재론에 익숙한 독자라면, 필자의 논의가 하이데거가 제시한 바의 본래적인 자기의 존재론적 의미를 교묘하게 뒤틀고 있다는 식으로 느낄지도 모르겠다. 하이데거의 관점에서 보면, 본래적인 자기란, 도구적 의미연관이 지배하는 일상세계 안의 존재자인 일상적 자기를 자기-아님으로 무화하고 부정하는 결의의 순간의 존재자라는 점에서, 도구(성)로 환원될 수 없는 존재(자) 자체의 의미가 열리도록 하는 그 가능 근거이다. 달리 말해, 삶이란 그 참된 의미에서 일상세계를 지배하는 도구적 유용성과 근원적으로 무관한 것임을 각성하도록 하는 가능 근거가 바로 본래적인 자기의 존재이다. 그렇다면 존재론적 의미의 본래적인 자기란, 우리를 자신의 죽음을 살도록 내모는 방향으로 작용하는 것이 아니라, 도구적 의미연관 속에서 자신을 잃어버린 일상적이고 비본래적인 자기로부터 참된 삶을 되찾아오도록 하는 방향으로 작용하는 것이 아닐까? 필자 역시 존재론적 의미의 본래적인 자기에게 일상적이고 비본래적인 자기로부터 참된 삶을 되찾아오도록 하는 방향으로 작용할 가능성이 주어져 있음을 부정하고 싶지는 않다. 그러나 일상세계가 언제나 이미 규범화된 세계라는 것이 유효한 한에서, 그리고 그 때문에 일상적인 자기 역시 자신의 삶과 존재를, 더 나아가 공동 현존재의 삶과 존재까지도, 일상세계를 지배하는 규범적 의미연관의 관점에서 해석하고 이해하는 경향에 빠져 있을 수밖에 없다는 것이 참인 한에서, 일상적이고 비본래적인 자기를 자기-아님으로 부정하고 무화하려는 결의의 순간이 스스로 자신의 존재론적 죽음을 선택하는 순간과 같다는 것은 부정될 수 없다. 그 이유는 간단하다. 규범을 따르기를 선택하든, 반대로 규범을 따르기를 거부하든, 현존재는 자신의 본래적인 자기를 이념화된 것으로서, 이상적인 것으로서 파악하는 셈이기 때문이다.

관념론의 관점에서 보면, 이념화된 자기의 존재를 통해 일상적이고 비본래적인 자기의 존재가 부정되고 무화됨이야말로 참된 존재가 우리에게 드러나도록 하는 그 근거이다. 다시 한번 강조하건대, 존재론은 이러한 주장을 타당한 것으로 받아들일 수도, 타당하지 못한 것으로 반박할 수도 없다. 이러한 주장에 대한 긍정과 부정이 모두 형이상학적 태도의 발로일 뿐이기 때문이다. 다만 한 가지 분명한 것은 규범과의 관계 속에서 나타나는 이념성은 필연적으로 가치적인 것일 수밖에 없다는 것이다.

　나는 왜 규범이 명령하는 것을 자발적으로 따르기로 결정했는가? 순수한 이성적 존재자로서 이상화된 자기의 관점을 취해, 규범이 명령하는 것을 따르지 않을 가능성의 존재자로서의 자기를 근원적으로 무가치한 존재자로 파악했기 때문이다. 나는 왜 규범이 명령하는 것을 수행하기를 거부하는 편을 택했는가? 순수한 자연적 존재자로서 이상화된 자기의 관점을 취해, 규범이 명령하는 것을 따르려는 성향의 자기를 근원적으로 무가치한 존재자로 파악했기 때문이다. 전자의 경우, 사적 이해관계를 초월하는 순수한 이성적 정신 내지 순수한 지자로서의 정신이 참된 가치가 있는 것으로서 미리 전제된 셈이다. 후자의 경우에는 반대로 사적 이해관계의 관점에서 유용성을 추구하는 정신이 참된 가치가 있는 것으로서 미리 전제되었다. 무엇이 가치 있는 것인지 이해하는 방식은 상반되지만, 아무튼 양자는 한 가지 공통점을 지닌다. 양자는 모두, 언제나 이미 규범화된 일상적인 자기를 근원적으로 무가치한 것으로서 부정하고 무화하도록 하는 존재론적 근거이다.

2장 | 규범화된 일상세계와
죽음을-향한-존재

'새벽의 검은 젖'을 마실 세계로서의 일상세계 —파울
첼란과 「죽음의 푸가」

언제나 이미 규범화된 일상세계에서 실존하는 한에
서, 현존재는 '새벽의 검은 젖'을 마실 운명으로부터
자유로울 수 없다

'새벽의 검은 젖'을 마실 세계로서의 일상세계 —파울 첼란과 「죽음의 푸가」

파울 첼란Paul Celan의 시 「죽음의 푸가Todesfuge」는 "새벽의 검은 젖Schwarze Milch der Frühe"이라는 구절로 시작한다. '새벽의 검은 젖'을 마셔야 할 때는 따로 정해져 있지 않다. 시인이 우리wir라고 표현한 이들은 '새벽의 검은 젖'을 밤에도 마시고, 아침에도 마시며, 점심에도, 저녁에도 마신다. '새벽'을 '하루의 시작을 알리는 일정한 때'라는 의미로 이해하면 아마 '우리'는 '검은 젖'을 새벽에도 마실 것이다. 하지만 새벽에 해당하는 독일어 'Frühe'는 '이른', '때 이른', '때 아닌' 등을 뜻하는 'früh'를 명사화한 말이기도 하다. 일상적 현존재에게 '새벽의 검은 젖'의 '새벽'은 '검은 젖'을 마시기에는 때 이른, 때 아닌, '검은 젖'을 마시면 초래될 죽음이 아직 닥치기 이전의, 시기를 가리키는 말이라고 볼 수 있을 것이다.[3] 아직 '우리'에게

---

3   테오 부크(Theo Buck)는 「죽음의 푸가」의 'Frühe'를 특정한 하루의 때가 아니라 삶과 죽음 사이의 불특정한 영역을 가리키는 말이라고 설명한다. Buck(2002), 20 이하 참조. 필자는 'Frühe'를 삶의 자리이면서 동시에 잠재

죽음의 '검은 젖'을 마실 때는 도래하지 않았다. 결국 '우리'라는 말이 가리키는 것은 산 자들일 수밖에 없는 것이다. 그러나 '우리'는 '검은 젖'을 마셔야 할 때가 언제나 이미 '우리' 곁에 임박해 있음을 안다. 어디 그뿐인가? 비록 아직, '때 이른'이라는 말이 암시하듯이, 살아 있기는 하지만, 우리는 일상세계에서 매일 수시로 '검은 젖'을 마셔 왔다. 그렇기에 '우리'의 삶은 죽음과 언제나 이미 하나이다. '우리'에게 죽음은 단순히 현존재로서 존재함의 끝을 알리는 것일 수 없다. '우리'의 삶은 그 자체로서 언제나 이미 죽음에 의해 잠식되어 왔으며, 현존재로서 존재함의 끝으로서의 죽음은 죽음에 의해 삶이 잠식되는 과정이 마무리됨을 뜻할 뿐이다.

어쩌면 「죽음의 푸가」는 마르틴 하이데거_{Martin Heidegger}의 철학이 존재론으로서 파산할 위기에 직면해 있음을 드러내는 작품인지도 모른다. 하이데거는 "죽음을 향한 일상적인 [현존재의] 존재는 [일상세계 안으로] 빠져 가는 것으로서 **죽음 앞에서의** 어떤 **부단한 도피이다**"[4]라고 주장한다. "**세인은 죽음 앞에서의 불안에 대한 용기가 솟아나도록 하지 않는다**"[5]라는

적·현실적 죽임(당함)의 자리이기도 한 일상세계-안에-있음인 일상적 현존재의 존재로서의 시간성을 가리키는 말이라고 본다. 그것은 삶과 죽음을 양 극단으로 지니고 있는 사이-시간이 아니라 언제나 이미 일상세계 그 자체 안에 임박한 것으로서의 죽음의 때이다.

4 Heidegger(1993), 254. 원문 강조.
5 Heidegger(1993), 254. 원문 강조.

하이데거의 또 다른 주장에 비추어 보건대, 세인이란 현존재로 하여금 언제나 이미 임박해 있는 죽음의 가능성을 외면하고, 일상세계를 불안으로부터 벗어나게 할 편안한 세계로서 이해하도록 하는 존재자를 가리키는 것으로 보인다. 하지만 '우리'에게 일상세계는 '새벽의 검은 젖'을 마셔야 하는 세계로서 언제나 이미 적나라하게 드러나 있다. 혹시 '우리'는 '일상세계'로부터 끄집어내어져 비일상적인 폭력에 노출된 특별한 현존재인가? 이 경우, 현존재에 대한 하이데거의 존재론적 언명들은 소위 정상적이고 편안한, 적어도 비정상적으로 심하게 불편하고 불안하지는 않다는 의미로 일상적인, 세계-안에-있는 현존재에게만 통용되는 셈이다.

그러나, 설령 정상성 개념에 의거한 이러한 범주화를 인정한다고 하더라도, 현존재 및 일상세계에 대한 하이데거의 존재론적 언명들이 지니는 문제가 온전히 해소되지는 않는다. 일상세계란 언제나 이미 규범화되어 있는 세계이기 때문이다. 「죽음의 푸가」에서 '우리'를 위협하는 '새벽의 검은 젖'은 단순히 비윤리적 폭력을 상징하는 말일까? 이 경우 '검은 젖'의 위협으로 벗어나려면 일상세계를, 그리고 일상세계-안의 현존재를, 윤리화해야 한다는 결론이 따라 나온다. 그러나 우리에게는, 그리고 아마 시인이 가리키는 '우리'에게도, 일상세계의 윤리화가 단순히 폭력(성)으로부터 벗어남을 가리키는 말일 수 없다. 윤리란, 적어도 일상세계 안에서 올바르고 마땅한 것으로서 통용될 규범들과 연관된 것인 한에서, 비윤리적 말과 행위에 대한 비난과 처벌의 잠재적·현실적 근거이기 때문이다. 물론 우리에게 윤리와 규범이 필요한 까닭은 우리가 윤리와 규범이 금기시하는 말과 행위를 할 가능성을 지니고 있기 때문이다. 그런 점에서 현존재는, 적어도 윤리와 규범이 금기시하는 말과 행위를 할 가능성으로부터 완전히 자유로운 특별한 존재자가 아닌 한에서, 윤리와 규범으로 인해 비난과 처벌을 받게 될 위협에 시달리는 셈이다.[6]

우리는 새벽의 검은 젖을 밤에도, 아침에도, 점심에도, 저녁에도 마신다. 우리는, 한 자연적인 존재자로서 자신의 자연성을 온전히 무화하지 못하는 한에서, 언제나 이미 규범화되어 있는 세계로서의 일상세계 안에서 폭력적으로 비난받고 처벌을 당할 가능성으로부터 자유로울 수 없는 것이다.

언제나 이미 규범화된 일상세계에서 실존하는 한에서, 현존재는 '새벽의 검은 젖'을 마실 운명으로부터 자유로울 수 없다

혹시 이러한 주장은 홀로코스트의 희생자들이 당한 고통

---

6   일상세계와 윤리, 폭력 등의 관계에 대한 존재론적 논의에 관해서는 다음 참조. 한상연(2021b), 281 이하 및 329 이하; 한상연(2018), 293 이하.

과 죽음의 의미를 터무니없이 과소평가하는 것일까? 아마 같은 질문을 파울 첼란에게 제기할 수도 있을 것이다. 「죽음의 푸가」에서 가장 많이 등장하는 단어 가운데 하나는 '우리wir'이다. 시인이 말하는 '우리'는 과연 누구인가? 시의 내용을 축자적으로 해석하면, '우리'란 죽음의 수용소에서 생활하던 유대인들이라는 결론이 나온다. 물론 이 경우 '새벽의 검은 젖'이란 유대인들을 살상하는 데 사용되던 가스, 극한의 공포, 불안, 수용소 안에서 난무하던 폭력 등의 상징이라고 해석할 수 있을 것이다. 그러나 파울 첼란 본인은 죽음의 수용소에 갇힌 적이 없다. 「죽음의 푸가」는 시인의 직접적인 경험을 반영하는 시가 아닌 것이다.

죽음의 수용소에서 사는 것은 분명 특별한 경험이다. 여기서 특별함이란 '대다수의 사람들은 경험할 수 없음'이라는 뜻과 '강렬한 감각적·정서적 충격을 수반함'이라는 뜻을 함축하는 표현이다. 감기가 들어 두통에 시달리는 일은, 건강한 한 개인에게는 드문 일일지 몰라도, 타인의 관점에서 보면 별로 대수롭지 않다. 대다수의 사람들이 종종 경험하는 흔한 일이기 때문이다. 반면에 자신이 타고 있는 비행기가 기체 이상으로 심하게 요동치는 일은 쉽게 경험할 수 있는 일이 아니다. 그러나 매우 피곤한 상태에서 술을 몇 잔 마신 탓에 비행기 안에서 내내 깊이 잠들어 있었다면, 자신이 타고 있던 비행기가 심하게 요동쳤다는 것을 나중에 뉴스를 통해서나 알게 될 뿐이다. 깨어 있던 사람들은 강렬한 감각적·정서적 충격을 받았고, 바로 그러한 이유로 그 일은 그들에게 매우 특별한 경험으로 남았다. 그러나 나는, 분명 내 몸은 요동치는 비행기 안에서 심하게 흔들렸을 텐데도, 실제로는 거의 아무 경험도 하지 않은 셈이다. 경험을 특별하게 하는 감각적·정서적 충격이 없었기 때문이다.

죽음의 수용소에 갇혀 본 적이 없는 자에게 죽음의 수용소에서 살아 본 경험의 특별함은 어떻게 전해질까? 통념적 관점에서 보면, 일종의 감정이입^{Einfühlung; Empathy}을 통해서이다. 나 역시 한 인간으로서 고통과 죽음 앞에서의 두려움과 불안을 겪어 본 적이 있으며, 그 때문에, 비록 나 자신이 죽음의 수용소에 갇힌 적은 없지만, 죽음의 수용소에서 살아 본 유대인들의 심정이 어땠을지 다소나마 이해할 수 있다. 기본적으로 감정이입을 통해 타자의 경험의 특별함이 전달됨은 소설이나 영화를 볼 때 등장인물들의 ―가상적― 경험의 특별함이 전달됨과 다르지 않다. 물론 전자는 타자가 실제로 겪었던 경험과 관련된 것이고 후자는 가상적인 경험과 관련된 것이라는 차이가 있다. 그럼에도 양자는 자기의 직접적인 경험과 무관한 것이라는 점에서는 같다.

『존재와 시간』에서 하이데거는 타자 이해를 존재론적으로 설명하는 데 "감정이입"이 별로 "적절하다고는 할 수 없는 ^{nicht eben glücklich}" 명칭이라고 밝힌다. 왜 그러한가? "'감정이입'

이 비로소 [현존재와 공동 현존재 사이의] 함께-있음을 구성하는 것이 아니라, 도리어 함께-있음에 근거를 두고 비로소 감정이입이 가능한 것"이기 때문이다. 거칠게 말해, 감정이입이란 나와 타자가 고립된 주체처럼 서로에게서 우선 유리되어 있음을 전제한다. 그러나 현존재가 공동 현존재를 그때마다 이해할 수 있음은 현존재와 공동 현존재가 언제나 이미 함께-있음을 전제한다. 현존재는 공동 현존재의 존재에 대한 이해의 사건을 통해서만 현존할 수 있는 존재자이며, 그런 한에서 감정이입이란 타자의 이해에서 근원적으로 작용하는 것이라고 볼 수 없다. "그것[감정이입]의 불가피성"은 오직 "함께-있음의 결함 있는^{defizient} 양태가 지배적인 경우를 통해서"만 생겨나는 것이다.[7]

하이데거의 주장을 잘 살펴보면, 하이데거가 감정이입을 단순히 부정적으로 본 것이 아니라는 점을 확인할 수 있다. 다시 말해, 하이데거에 따르면, 함께-있음의 결함 있는 양태가 지배적일 때에는 감정이입이 불가피한 것이다.

이제 다시 원래의 문제로 돌아가 보자. 파울 첼란이 「죽음의 푸가」에서 말하는 '새벽의 검은 젖'을 —인간 현존재 전부를 가리키는 대명사로서의— 우리가 아침에도, 점심에도, 저녁에도 마신다고 주장하는 것은 홀로코스트의 희생자들이

---

7 Heidegger(1993), 124 이하. 이에 관해서는 한상연(2018), 39 이하 참조.

당한 고통과 죽음의 의미를 터무니없이 과소평가하는 것일까? 파울 첼란의 경우는 어떠한가? 유대인 출신이기는 하지만 죽음의 수용소에 갇힌 적은 없는 시인이 '우리는 모두 새벽의 검은 젖을 마신다'라고 노래하며 자신을 홀로코스트의 희생자들과 동일시하는 것은 도덕적으로 정당할까?

아마 파울 첼란의 생애를 잘 알고 있는 사람이라면, 이 물음에 대해 기꺼이 '그렇다'라고 대답하려 할 것이다. 그의 부모는 홀로코스트의 기간 동안 수용소에 갇혀 있다가 죽었다. 아버지는 티푸스로 목숨을 잃었고, 어머니는 강제노동으로 인해 탈진한 상태에서 총살을 당했다. 파울 첼란 역시, 비록 죽음의 수용소는 아니었지만, 강제노동수용소에 갇혀서 지냈다. 그러니 첼란은 홀로코스트의 희생자들과 자신을 하나로 묶어 '우리'라고 부를 자격을 지녔다고 볼 수 있지 않을까? 이러한 물음에 대한 정답 같은 것은 있을 수 없다. 어떤, 혹은 누구의, 관점을 취하느냐에 따라 달리 대답될 수밖에 없기 때문이다.

자신이 강제노동수용소에서 갇혀서 지내다가 날마다 수많은 사람들이 가스실에서 체계적으로 살해당하는 죽음의 수용소의 존재에 대해 알게 되었다고 상정해 보자. 어느 날 수용소의 관리자인 독일군이 사람들을 모아 놓고 다음과 같이 선언한다.

"너희 가운데 일부는 너희가 죽음의 수용소라고 부르는 곳으로 선별되어 끌려갈 것이다. 힘이 없거나 병이 들어서 일하기 힘들어하는 자가 주로 선별될 것이니, 죽고 싶지 않거든 최선을 다해 일하라. 하지만 주의하라! 유일한 기준은 얼마나 많이, 그리고 얼마나 열심히, 일하느냐이다. 너희가 실제로 힘이 있는지 없는지, 건강한지 병이 들었는지는 내 알 바 아니다. 적게 노동하는 자는 설령 힘이 있고 건강해도 무능력한 자로 간주되어 선별될 것이고, 많이 노동하는 자는 설령 힘이 없거나 건강하지 못해도 능력 있는 자로 간주되어 선별되지 않을 것이다. 언제까지 선별이 이루어질지 정해진 기한은 따로 없다. 그러니 날마다 오늘이 마지막이라고 생각하고 늘 최선을 다해 일하라!"

선별된 적이 한 번도 없어도, 자신이 언제든 선별될 수 있다는 절박감에 시달리며 생활한 사람은 자신에게 자신을 죽음의 수용소에서 생활한 사람들과 하나로 묶어 '우리'라는 말을 쓸 충분한 자격이 있다고 여길 것이다. 그러나 실제로 선별되어 죽음의 수용소에서 생활한 사람은 다르게 생각하기 쉽다. 아무튼 선별되지 않은 사람들은 죽음의 수용소에서의 생활을 직접 체험해 본 적이 없다는 것이 그 하나의 이유이고, 나치 독일을 위해 노동하기 경쟁에서 승리한 자들로서 패배한 자신들과 분명 구분된다는 것이 또 다른 하나의 이유이다. 선별된 적이 없는 자에게는 자신들 역시 죽음의 수용소로 끌려갈 가능성을 안고 생활했다는 것, 그리고 선별된 사람들도 자신과 똑같이 나치 독일을 위해 노동하기 경쟁을 벌여야 했다는 것 등이 중요하다. 한마디로, 자신과 선별된 사람들이 함께 겪은 공통의 경험이 자신과 선별된 사람들을 하나로 묶어 '우리'라고 부를 수 있게 하는 그 근거이다. 그러나 실제로 죽음의 수용소에서 생활한 사람이라면 선별되지 않은 자와 자기 사이의 차이에 더 주목할 것이다. 선별되지 않은 자들 역시 날마다 두려움과 불안에 시달렸겠지만, 아무튼 죽음의 수용소에서의 극단적인 충격과 공포를 직접 겪어 본 것은 아니다. 그러니 선별되지 않은 자들은 선별된 '우리'와 분명 구분되는 자들이다.

선별된 자와 선별되지 않은 자 사이의 동일성과 차이는 존재론적으로 어떻게 설명될 수 있을까? 감정이입에 대한 하이데거의 설명이 타당하다고 전제하는 경우, 감정이입의 필요성에 대한 해석과 이해의 문제로 설명될 수 있다. 선별된 자의 관점에서 보면, 선별되지 않은 자가 자신의 심정과 처지를 이해하기 위해서는 감정이입을 필요로 하며, 이는 자신과 선별되지 않은 자 사이의 함께-있음이 결함 있는 양태에 있기 때문이다. 선별된 자에게 선별되지 않은 자는 자신과 죽음의 수용소에서 함께-있지 않았던 자이고, 죽음의 수용소에서의 극단적인 충격과 공포를 함께 겪어 보지 않았던 자이며, 바로 여기에 자신과 선별되지 않은 자 사이의 함께-있음이 결함 있는 양태에 있게 된 이유가 있다. 반면 선별되지 않은 자의 관점에서 보면, 자신은 선별된 자의 심정과 처지를 이해하기 위해 감정이입을 별로 필요로 하지 않는다. 즉, 자신과 선별된 자 사이의 함께-있음은 결함이 없는 양태에 있다. 물론 자신이 죽음의 수용소에서 생활해 본 적이 없는 것도, 그 안에서의 극단적인 충격과 공포를 겪어 본 적이 없는 것도 사실이다. 그러나 자신의 생활과 선별된 자의 죽음의 수용소 안에서의 생활 사이의 차이는 질적인 차이라기보다 강도强度상의 차이이다. 나는 강제노동수용소에서 선별된 자들과 함께 살았으며, 그들과 똑같이, 선별되지 않으려, 나치 독일을 위해 열심히 노동하기 경쟁에 내몰렸고, 언제 선별되어 죽음의 수용소로 끌려갈지 모른다는 절박한 두려움과 불안에 시달렸다. 아마 내가 강제노동수용소에서 겪었던 두려움과 불안은 죽음의 수용소로 선별되어 끌려간 사람들이 겪었던 두려움과 불안만큼 절박하지는 않았을 것이다. 그러나 아무튼 나의 두려움과 불안 역시 절박하기는 마찬가지였다. 아직 죽음의 수용소로 끌려가지 않은 자는 장차 죽음의 수용소로 끌려갈 가능성을 면제받지 못한 자이기 때문이다.

　이제 파울 첼란뿐 아니라 우리 모두가, 즉 전체로서의 현존재가, 새벽의 검은 젖을 아침에도, 점심에도, 저녁에도 마신다고 주장하는 것은 과연 정당한 일일지 생각해 보자. 대다수의 인간들은 죽음의 수용소에 갇힌 적도 없고, 강제노동수용소에서 죽음의 수용소로 이전할 사람들을 선별하는 경쟁에 강제적으로 참가하게 된 적도 없다. 그런 점에서 대다수의 인간들은 죽음의 수용소에 갇힌 적이 있는 사람들과 어떤 공통된 경험도 한 적이 없다고 볼 수 있다. 심지어 인간 중에는 지구촌에서 종종 벌어지는 학살의 희생자뿐만 아니라 가해자도 있다. 어디 그뿐인가? 삶의 참상을 한 번도 경험하지 않고 평생 윤택하고 부유하게 살다가 죽는 이도 적지 않다. 그럼에도 모든 인간이, 전체로서의 현존재가, 새벽의 검은 젖을, 그것도 수시로, 마신다고 할 수 있겠는가?

존재론적으로 이러한 물음은 특별한 문제 없이 평화롭게 유지되는 일상세계와 죽음의 수용소 사이의 관계에 관한 물음이기도 하다. 평화로운 일상세계와 죽음의 수용소 사이에 근본적인 단절이 존재한다고 전제하는 경우, '우리 모두가 새벽의 검은 젖을 마신다'라는 주장은 난센스에 불과할 것이다. 반대로 그렇지 않다고 전제하는 경우, 우리 모두가 실제로 새벽의 검은 젖을 마시며 현존할 가능성을 완전히 배제할 수 없다.

실제로 죽음의 수용소에 갇힌 채 살아 본 적이 있는 사람이라면 평화로운 일상세계와 죽음의 수용소 사이에 어떤 근본적인 단절이 있다고 여길 것이다. 필자는 이러한 생각이 잘못이라고 말하고 싶지 않다. 평화로운 일상세계에서 사는 사람들은 죽음의 수용소에서 갇힌 채 살던 사람들이 매 순간 경험하던 절박한 두려움과 불안을 실제로 겪어 보지 않았기 때문이다. 그러니 죽음의 수용소에 갇히게 될지 모른다는 불안조차 경험해 보지 못한 사람들이 죽음의 수용소에서의 삶과 공통점을 지니는 어떤 경험을 했다고 말하기는 분명 어려울 것 같다. 그렇다면 평화로운 일상세계에서 사는 사람들의 삶은 '새벽의 검은 젖'이라는 옥시모론Oxymoron(모순어법)과 무관하다고 해야 하지 않을까? 싱싱한 흰 젖을 마시며 밝은 기분으로 하루하루 살아가는 사람들조차도 날마다 '새벽의 검은 젖'을 수시로 마시는 사람들로 이해하고 해석함이 어떻게 가능할 수 있을까?

우선 다음의 문제에 대해서 생각을 정리해 보자. 분명 홀로코스트의 희생자들 역시 나치가 집권하기 전에는 누군가의 이웃이었고, 이런저런 윤리와 규범이 지배하는 일상세계에서 존재했다. 그런데 그 점에서는 가해자들 역시 마찬가지였다. 시인이 말하지 않는가.「죽음의 푸가」는 가해자를 '집 안에 살고 있는 자', '어두워지면 독일을 향해 너의 금빛 머리카락 마르가레테' 하고 쓰는 자로 묘사한다. 그러니 가해자 역시, 심지어 나치가 집권하고 난 뒤에도, 누군가의 이웃이었고, 이런저런 윤리와 규범이 지배하는 일상세계에서 존재했음이 틀림없다. 그렇다면 피해자와 가해자에게 죽음의 수용소는 존재론적으로 어떤 의미를 지녔는가? 그것은 일상세계와 구분되는 완전히 비일상적인 장소로서 규정되어야 하는가?

아마 그렇다고 대답하는 것은 홀로코스트의 희생자들에게 가할 수 있는 최악의 모욕일 것이다. 이러한 대답은 가해자가 살던 독일의 일상세계가 죽음의 수용소와 무관한 세계이고, 그런 점에서 전쟁이 일어나기 전 독일의 일상세계에서 평화롭게 하루하루를 살던 독일인들은, 전쟁이 일어난 후 애국심으로 굳건히 정신을 무장한 채 더욱더 열렬하게 같은 인종의 이웃을 사랑하게 된 독일인들은, 홀로코스트에 대해 어떤 책임도 질 필요가 없다는 것을 암시하기 때문이다. 한마디로, 윤리와 규범이 제대로 작동하는 소위 정상적인 일상세계가 홀로코스트의 희생자들이 당한 폭력과 무관하다고 여겨서는 안 된다. 소위 정상적인 일상세계 안에서 머물고 있는 나는 폭력의 희생자에게 아무 책임도 질 필요가 없다는 존재론적 자기기만이 그 바탕에 깔려 있기 때문이다.

홀로코스트를 제2차 세계대전 중에 일어난 일회적인 사건이라고 간주하는 경우, 홀로코스트에 대해 책임이 있는 사람들은 홀로코스트가 일어나는 데 원인 제공을 한 사람들로 한정되는 셈이다. 예컨대, 나치즘이 자기 사회의 지배적인 이데올로기가 되도록 한 당시의 독일 사람들이 홀로코스트가 일어나는 데 원인 제공을 한 사람들로서 홀로코스트에 대해 책임이 있다. 그러나 현존재의 현사실적 삶의 근거인 일상세계 자체 안에 홀로코스트와 같은 사건이 일어나도록 하는 어떤 원인이나 이유가 숨어 있다고 믿는 경우, 그리고 홀로코스트를 인간학살의 대명사로 이해하는 경우, 홀로코스트에 대해 책임이 있는 자는 모든 인간, 혹은, 전체로서의 현존재라고 볼 수 있다. 필자는 현존재의 현사실적 삶의 근거인 일상세계 자체 안에 인간학살이 일어나도록 하는 원인과 이유가 숨어 있다고 본다. 그 원인과 이유는 바로 일상세계의 근원적이고 본래적인 성격규정의 하나인 규범성이다.

아마 독자 중에는 '인간학살이 일어나도록 하는 원인과 이유로서의 규범성'이라는 표현이 '새벽의 검은 젖'보다 더한 모순어법이라고 느끼는 이가 있을지도 모르겠다. 윤리와 규범이란 결국 인간들 사이에 윤리적으로 정당화될 수 없는 폭력이 일어나는 것을 막기 위해 있는 것이 아닐까? 규범이 가장 엄격하게 금하는 것은 바로 살인 아닌가? 윤리와 규범이 정상적으로 작동하지 않는 곳이야말로 참혹한 인간학살이 일어날 가능성이 가장 많은 곳 아닌가? 그럼에도 일상세계의 규범성 자체가 인간학살의 원인과 이유라고 보아야 한다는 것인가?

분명 규범에는 폭력과 살인이 일어나지 않도록 막는 힘이 있다. 그러나 규범은 동시에 폭력과 살인이, 그것도 매우 끔찍스럽고 참혹한 방식으로, 일어나도록 조장하는 힘 또한 가지고 있다. 이러한 존재론적 진실을 이해하는 것은 별로 어렵지 않다. 규범이란 선을 권장하고 악을 멸하는 것으로 인정되는 경우에만 정상적으로 기능할 수 있다. 달리 말해, 규범이란 선한 것으로서 존재할 권리를 획득할 인간과 악한 것으로서 존재할 권리를 박탈당해 마땅한 인간을 가르는 기준 외에 다른 아무것도 아니다.

나치즘에 경도된 독일은 윤리와 규범이 존재하지 않는 사회였던가? 결코 그렇지 않다. 나치즘에 경도된 독일에 의해 수많은 유대인들, 집시들 등이 박해의 대상이 된 것은 그들이 인간의 역사를 위해 해로운 것으로, 악한 것으로, 절멸당해 마땅한 것으로 규정되었기 때문이다. 물론 나치즘적 규범은 분명 윤리적 타당성을 지니지 못한 것이었다. 그러나 하나의 사회에서 강력한 영향력을 행사하는 규범은, 그것이 엄격한 윤리학의 관점에서 볼 때 타당한지의 문제와 무관하게, 그 사회의 수많은 구성원들에 의해 윤리적 타당성을 지니는 것으로 간주된 것일 수밖에 없다. 나치즘에 경도된 독일에 의해 일어난 참혹한 인간학살의 근본 원인 가운데 하나는 당시의 수많은 독일인들에 의해 윤리적 타당성을 지니는 것으로 간주된 규범이라는 뜻이다.

필자는 과연 인간학살의 원인과 이유로 작용할 가능성을 지니지 않는다는 의미로 보편타당한 규범이 존재할 수 있는지에 대해서도 회의적이다. 실은 윤리적 보편타당의 이념이야말로, 나의 규범적 판단이 보편타당한 것으로서 절대적으로 옳다는 확신이야말로, 나와 윤리적 가치관이 다른 사람들을 잠재적·현실적 악인을 간주하도록 하는 그 원인이 아닐까? 아마 예수나 석가모니 같은 성인聖人이라면 모든 사람을, 모든 살아 있는 것을, 미워하지 않고 진심으로 사랑할 것이다. 그러나 구체적인 일상세계에서는 이러한 무제약적인 사랑의 이념조차도 은밀한 증오와 폭력의 원인으로 작용하기 쉽다. 무제약적인 사랑의 이념에 비추어 보면, 인간이란 마땅히 성인을 본받아야 한다는 결론이 나오고, 성인처럼 악인조차 사랑해야 한다는 믿음에 비추어 보면, 성인이 될 수 없는 모든 인간은, 자신에게 해를 가한 악인을 미워할 수밖에 없는 평범한 사람들은, 악으로부터 자유로울 수 없는 자로서 심판받아야 한다는 결론이 나온다. 물론 무제약적인 사랑의 이념이란 원래 기만과 협잡에 불과한 것이라는 식으로 생각할 필요는 없을 것이다. 무제약적인 사랑의 이념을 실천하려 애쓰는 선각자들로 인해 인류의 삶이 크나큰 혜택을 입었다는 것은 부정될 수 없다. 그러나 그렇다고 무제약적인 사랑의 이념이 참혹한 폭력의 원인과 이유로 작용할 가능성 자체가 무화되는 것은 아니다. 인간에 대한 심판의 근거로 작용할 수 있는 모든 선의 이념은 본래 살아 마땅한 선한 자와 본래 죽어 마땅한 악한 자를 가르는 권력의 기제가 될 가능성으로부터 자유로울 수 없기 때문이다.

성인이 될 역량이 없는 자로서 무제약적인 사랑의 이념을 받아들이려 애쓰는 자는 자칫 냉소주의에 빠지기 쉽다. 그

냉소주의의 본질은 무제약적인 사랑의 이념에 걸맞지 않은 인류 전체를 향한 멸시와 증오이다. 성인이 될 역량이 없는 자가 자기기만에 빠져 자신을 성인처럼 여기는 경우, 인류 전체를 향한 멸시와 증오로서의 냉소주의는 불현듯 윤리적 엄격주의의 형태를 띠고서 무수한 사람들에 대한 냉혹한 심판을 정당화하는 정치적 이데올로기로 작용한다. 종교가 주도적인 권력이 될 때 곧잘 대량의 학살이 일어나는 까닭이 바로 이것이다.

일상세계 자체가 언제나 이미 규범화되어 있는 한에서, 새벽의 검은 젖(을 마심)은 현존재의 근원적 존재방식 외에 다른 아무것도 가리키지 않는다. 그 까닭은 윤리와 규범이 삶과 살림의 가능 근거일 뿐 아니라 죽음과 죽임의 가능 근거이기도 하기 때문이다. 살기 위해 우리는 규범화된 일상세계가 선물하는 질서의 젖을 마셔야 한다. 그러나 그 젖은 동시에 죽음의 젖이기도 하다. 질서를 세우고 보존하는 데 방해되는 모든 것은 마땅히 존재할 자격과 권리를 박탈당해야 하기 때문이다.

3장 | 자기의식과 존재

이론과 실천은 자기의식 속에서 일어나는 무한성의 분열의 산물이자 그 원인이다

도덕과 규범이라는 이름의 분열의 정신은 우리에게 인간 현존재의 존재에 대한 순연한 긍정과 사랑을 요구하면서, 동시에 인간 현존재의 존재에 대한 순연한 부정과 증오를 부추기는 방향으로 작용하는 자가당착적인 정신이다

보론補論: 실천적 사유의 하나인 윤리(학)는 존재의 근원적 전체성의 분열의 산물인바, 존재론적 존재사유보다 시원적일 수 없다 ─자크 데리다, 루돌프 오토, 에마뉘엘 레비나스

이론과 실천은 자기의식 속에서 일어나는 무한성의 분열의 산물이자 그 원인이다

잘 알려져 있듯이, 오토 푀겔러, 후고 오트 등 몇몇 저명한 하이데거 연구자들은 하이데거 철학의 해석학적 전환이 슐라이어마허 연구를 통해 가능해진 것이라고 밝힌다. 하이데거를 공부해 본 이들에게 이러한 주장은 매우 당혹스럽게 여겨지기 쉽다. 하이데거의 제자 중 가장 유명한 철학자로서 철학적 해석학의 창시자로 통하는 한스게오르크 가다머가 슐라이어마허의 해석학에 대한 맹렬한 비판자이기 때문이다. 참고로, 슐라이어마허는 현대 신학의 아버지로 불리는 신학자이기도 하고, 현대 해석학의 창시자로 통하는 철학자이기도 하다. 가다머는 슐라이어마허의 해석학이 객관적 의미의 획득을 지향하는 일종의 철학적 객관주의로부터 비롯된 것이라고 본다. 만약 가다머의 주장이 옳다면, 슐라이어마허의 철학은 하이데거의 존재론과 양립하기 어렵다. 하이데거의 존재론의 관점에서 보면, 객관주의란 존재를 존재자성과 같은 것으로 간주하는 형이상학적 오류판단으로부터 출발하는 것이기 때문이다.

가다머는 분명 훌륭한 철학자이다. 그러나 그의 슐라이어마허 비판은 그처럼 훌륭한 철학자에게서 나온 것이라고는 도무지 믿을 수 없을 정도로 엉터리다. 이 점에 대해 상세하게 분석하는 것은 이 책의 주제와 무관한 일이다. 다만 한 가지만 분명히 해 두도록 하자. 슐라이어마허는 하이데거에게 이론과 실천이란 현존재로 하여금 존재의 근원적 전체성을 망각하도록 함으로써 존재를 존재자성과 같은 것으로 오인하도록 하는 존재론적 원인이라는 것을 알려 준 철학자이다. 하이데거가 슐라이어마허 연구를 통해 자신의 철학을 크게 바꿀 수 있었던 것도 바로 이 때문이다.

가다머나 가다머의 영향을 받은 많은 하이데거 연구자들은 하이데거의 존재론이 지니는 철학사적 의미 가운데 하나를 이론에 대한 실천의 우위에서 찾는 경향이 있다. 사실 하이데거가 최초로 읽은 철학적 저술이 아리스토텔레스의 존재 개념에 대한 프란츠 브렌타노의 박사학위 논문이었다는 잘 알려진 사실, 그리고 아리스토텔레스의 실천적 지혜의 이념, 키네시스kinesis적 존재이해 등을 고려해 보면 하이데거가 이론보다 실천을 우선시했다고 보는 것은 자연스러운 일이다. 실제로도 하이데거의 철학에서 실천은 이론에 대해 분명 우위를 점한다. 하이데거에 따르면, 존재(자)에 대한 이론적 사유란 일상세계에서의 도구적·실천적 사유로부터 파생되어 나온 것이기 때문이다.

그러나 하이데거의 존재론이 지니는 철학사적 의미를 실천에서 찾는 것은 별로 온당한 일이 아니다. 찰스 샌더스 퍼스, 존 듀이 등 하이데거보다 앞선 세대에 속한 철학자들로서 이론에 대한 실천의 우위를 강조한 철학자들이 이미 존재했다는 것이 그 하나의 이유이고, 하이데거의 존재론에서 도구적·실천적 사유란 현존재로 하여금 자신을 세계와 분리된 고립된 주체처럼 이해하도록 하는 그 근거라는 것이 또 하나의 이유이다. 물론 존재론적으로 보면, 현존재의 존재는 분명 세계-안에-있음이고, 이는 현존재가 세계로부터 유리된 고립된 주체로 규정될 수 없다는 것을 뜻한다. 그러나 이러한 존재론적 진실이 현존재가 —자신의 도구적 실천 속에서— 세계 안에서 만나는 이런저런 존재자들을 자신을 위해 필요한 도구적인 것들로서 자신과 구분하게 됨을 부정하는 것은 아니다. 간단히 말해, 현존재의 실천적 존재방식이야말로, 실은 존재의 근원적 전체성에 —혹은 전통 철학적으로 표현하자면, 존재의 근원적 무한성에— 균열이 일어나도록 하는 그 이유이다. 이론적 사유의 출발점을 —존재를 존재자성과도 같은 것으로 오인하는— 형이상학적 태도로 규정하는 경우, 형이상학이란 현존재의 일상적 실천으로부터 비롯된 파생적 존재사유의 양태라는 결론이 나온다. 하이데거의 존재론에 밝은 독자라면, 실제로 하이데거가 형이상학과 현존재의 일상적 실천 사이의 관계를 이러한 방식으로 해명한다는 것을 이미 알고 있을 것이다.

이론적 사유뿐 아니라 실천적 사유 역시 존재의 근원적 전체성에 대한 현존재의 망각으로부터 비롯된 것이라는 존재론적 진실은 현존재의 근원적 존재규정의 하나인 죽음을-향한-존재 및 일상세계의 근원적 규범성을 주제로 삼고 있는 이 책의 논의를 위해 매우 중요하다. 규범적 사유 역시, 일종의 실천적 사유로서, 존재의 근원적 전체성에 대한 현존재의 망각으로부터 비롯된 것이기 때문이다.

규범적 정신은 근원적으로 분열적인 정신이다. 앞에서 이미 언급했듯이, 규범이란 선한 자로서 존재할 자격을 지니는 현존재와 악한 자로서 존재할 자격을 박탈당해 마땅한 현존재를 가르도록 하는 그 근거이기 때문이다. 일상세계가 언제나 이미 규범화된 것인 한에서, 그리고 현존재가 고립된 실체적 주체로서가 아니라 일상세계 안의 존재자인 한에서, 현존재의 일상적인 자기 역시 근원적으로 분열적인 정신으로 규정될 수밖에 없다. 필자는 앞에서 존재론적으로 현존재는 분명 고립된 실체적 주체로 규정될 수 없지만, 그럼에도 현존재의 도구적 실천 자체가 현존재로 하여금 자신이 일상세계 안에서 만나는 이런저런 존재자들을 자기-아닌 것으로서 자기와 구분하게 되는 그 존재론적 원인임을 부정할 수 없음을 밝혔다. 언제나 이미 규범화된 현존재의 일상적 자기에 관해서도 이와 유사한 해명을 할 수 있다. 언제나 이미 규범화된 것인 한에서, 현존재의 일상적인 자기는 분명 고립된 실체적 주체와 같은 것으로 규정될 수 없다. 언제나 이미 규범화되어 있는 것인 한에서, 현존재의 자기란 일상세계를 지배하는 규범적 의미연관에 의해 잠식되고 변화될 수 있는 것이라는 점이 그 하나의 이유이고, 규범에 입각해서 심판하는 정신은 자신이 심판할 그 대상으로서의 존재자의 존재를 자신의 가능 근거로서 지닌다는 점이 또 다른 하나의 이유이다. 그러나 이러한 존재론적 진실은 심판하는 정신으로서의 현존재의 자기가 자신과 타자를 구분하는 경향에 빠져 있다는 것, 그렇기에 언제나 이미 규범화된 현존재의 일상적 자기는, 실제로는 일상세계를 지배하는 규범적 의미연관 및 자신에 의해 심판되거나 반대로 자신을 심판할 공동 현존재를 자신의 존재의 가능 근거로 지니면서도, 공동 현존재를 자신과 외적 대립의 관계를 형성하고 있는 타자로서 이해하는 존재자일 수밖에 없다는 것 등을 부정하는 것일 수 없다. 그 까닭은, 하이데거의 존재론의 철학사적 우위를 이론에 대한 실천의 우위에서 찾는 가다머의 관점을 비판하며 필자가 밝힌 것과 마찬가지로, 실천이란 이론과 마찬가지로 현존재의 자기의식 속에서 일어나는 존재의 근원적 전체성 내지 존재의 근원적 무한성의 분열의 존재론적 원인이기 때문이다.

도덕과 규범이라는 이름의 분열의 정신은 우리에게 인간 현존재의 존재에 대한 순연한 긍정과 사랑을 요구하면서, 동시에 인간 현존재의 존재에 대한 순연한 부정과 증오를 부추기는 방향으로 작용하는 자가당착적인 정신이다

아마 민감한 독자라면 현존재의 자기의식이라는 표현을 보고 눈살을 찌푸릴지도 모르겠다. 하이데거는 의식 및 자기의식과 같은 용어들이 존재론적으로 부적절하다고 여기고 거의 사용하지 않았다. 그런 점에서 현존재의 존재를 자기의식이라는 표현을 사용해서 기술하는 일은 자칫 하이데거의 존재론을 전통적인 의식철학으로 퇴행시키는 결과로 이어질 수도 있을 것이다. 그럼에도 불구하고 필자는 두 가지 이유 때문에 현존재의 자기의식에 관해 논하기로 결정했다.

첫째, 하이데거의 철학적 전환을 가능하게 한 슐라이어마허 철학의 중심에 자기의식 개념이 놓여 있다.

둘째, 슐라이어마허의 자기의식 개념은 관념론을 포함하는 전통 철학적인 의미의 자기의식 개념과 근본적으로 다르다. 슐라이어마허에게 자기의식이란 세계와 구분되는 별개의 존재영역으로서가 아니라 ―존재의 전체성의 표현으로서의― 세계 내지 우주의 개별화된 서술과 표현으로서 규정된다. 한마디로, 슐라이어마허에게 인간 현존재의 자기의식이란, 존재의 근원적 전체성이 현존재의 존재를 통해 개별화됨으로써 형성되는 것이다.

슐라이어마허 철학의 본령은 해석학이 아니라 종교철학이다. 아마 슐라이어마허의 종교철학을 주의 깊게 연구해 본 적이 있다면, 가다머는 섣불리 슐라이어마허의 해석학이 일종의 철학적 객관주의로부터 비롯된 것이라는 식의 주장을 하지 않았을 것이다. 가다머만큼이나, 아니 실은 가다머 이상으로, 슐라이어마허 역시 철학적 객관주의에 대한 철저한 비판자이기 때문이다.

슐라이어마허는 자신의 첫 번째 출판 저술인 『종교론』에서 "종교는 그 본질이 형성하는 모든 것에서뿐 아니라 그 작용이 특징짓는 모든 것에서 형이상학 및 도덕과 대립한다"[8]고 밝힌다. 여기서 형이상학이란 칸트로부터 비롯된 선험철학Transzendentalphilosophie(초월론철학)까지 함축하는 포괄적인 용어이다. 이 점은 다음의 인용문을 통해 확인할 수 있다.

> "여러분의 선험철학Transzendentalphilosophie은 어떤 의미를
> 지니는가? 형이상학이나 선험철학은 우주를 분류하
> 고 이것을 그 본질로 나누어서, 존재하는 것의 근거를
> 추적하고 현실적 존재의 필연성을 연역해낸다. 그것
> 은 그 자체로부터 세계의 실재와 그 법칙을 도출해내

[8]   슐라이어마허(2002), 56 이하.

기 시작하는 것이다."[9]

인용문은 슐라이어마허에게 선험철학과 형이상학이 —존 재의 근원적 전체성의 표현으로서의— 우주를 서로 구분되는 본질들 및 존재자들로 나눈 뒤 이로부터 세계의 실재성과 법 칙성을 발견하려는 사유의 경향임을 분명히 드러낸다. 본질 에 대한 직관과 이해, 실재하는 것으로서 상정된 세계의 법칙 성을 인간의 선험적 정신으로부터 비롯되는 것으로 이해하는 경우, 선험철학과 형이상학은 일종의 주관주의적 관점으로 통하는 셈이다. 그러나 그 바탕에 인간의 정신과 무관하게 객 관적으로 실재하는 어떤 존재가 깔려 있다고 보는 경우, 그리 고 오직 이러한 존재에 근거해서만 인간의 정신에 의해 직관 되고 이해된 본질 및 이런저런 필연성의 법칙들이 타당할 수 있다고 보는 경우, 선험철학과 형이상학은 일종의 객관주의 적 관점으로 통하는 셈이다. 종교가 형이상학과 대립적이라 는 슐라이어마허의 주장은 종교란 주관주의와 객관주의의 이 분법적 도식의 한계를 넘어서는 존재의 근원적 전체성을 향 하는 것이라는 주장과 같다.

종교가 형이상학뿐 아니라 도덕과도 대립적인 것인 까닭 은 도덕 역시 형이상학과 마찬가지로 개별적인 본질들과 존

---

9   슐라이어마허(2002), 49.

재자들의 관점에서는 파악될 수 없는 존재의 근원적 전체성에 대한 망각으로부터 비롯되는 것이기 때문이다. 도덕에 대해 슐라이어마허는 다음과 같이 말한다.

> "그렇다면 여러분의 도덕은 무엇을 의미하는가? 그것은 인간 본성으로부터, 그리고 우주에 대한 인간의 관계가 갖는 본질로부터 의무의 체계를 발전시키고 무제약적인 힘으로 행위를 명하며 또 이것을 금하기도 한다. 이러한 행위의 [행위에 대한 이러한] 명령과 금지를 종교는 감히 할 수 없으며 의미를 도출하기 위하여 우주를 사용해서도 안 된다. 종교는 자기 안에 어떠한 법전도 지니지 말아야 한다."[10]

왜 종교는 자기 안에 어떠한 도덕적 법전도 지니지 말아야 하는가? 행위에 대한 명령과 금지는 모두 분열적인 정신으로부터 비롯되는 것이기 때문이다. 도덕과 규범을 앞세워 특정한 종류의 행위를 하도록 명령하거나 반대로 하지 말도록 금지하는 정신은, 필자가 앞에서 여러 번 강조했듯이, 선한 자로서 존재할 권리를 지니는 자와 반대로 악한 자로서 존재할 권리를 마땅히 박탈당해야 하는 자를 구분하고자 하는

---

10 슐라이어마허(2002), 49.

정신 외에 다른 아무것도 아니다. 도덕과 규범이라는 이름의 분열의 정신이 행위에 대한 명령과 금지의 근거를 어떤 무제약적인 힘의 이념에서 발견하는 경우, 선한 자로서 존재할 권리를 지니는 자와 악한 자로서 존재할 권리를 마땅히 박탈당해야 하는 자 사이의 구분은 절대화된다. 그렇다면 행위에 대한 명령과 금지의 근거로서 작용할 무제약적인 힘의 이념이란 대체 무엇인가? 그것은 신일 수도 있고, 무한한 사랑일 수도 있으며, 자연 그 자체일 수도 있다. 무제약적인 힘의 이념으로서, 신은, 무한한 사랑은, 자연은, 모든 존재자를 그 자체로서 사랑하라는 윤리적 명령의 근거로서 상정될 가능성을 지닌다. 그러나 결국 모든 종류의 악행은 이러한 명령을 온전하고 철저하게 따를 수 없는 인간의 한계로 인한 것이다. 그러니 자신의 도덕적 심판의 논거를 무제약적인 힘의 이념에서 찾는 분열의 정신은 본래 자가당착적인 정신이다. 무제약적인 힘의 이념인 신은, 무한한 사랑은, 자연은, 아무것도, 그 누구도, 심판하지 말고 순연하게 그 존재 자체에서부터 긍정할 것을 우리에게 요구한다. 그러나 심판과 분열의 정신의 관점에서 보면, 모든 존재자를 순연하게 그 존재 자체에서부터 긍정할 것을 우리에게 요구하는 무제약적인 힘의 이념이 도리어 모든 존재자를 그 존재 자체에서부터 부정하고 증오할 근거로 작용한다. 고립된 개체처럼 고찰되는 한에서, 그 어떤 존재자도 무제약적인 힘의 이념이 우리에게 요구하는 바를 실천할 수 없기 때문이다. 바로 여기에 무한한 사랑의 이념조차 현실세계에서는 참혹한 인간학살의 원인일 수도 있는 근본적인 이유가 있다.

유감스럽게도, 무한한 사랑의 이념을 내세워 심판하고 단죄하려는 정신이야말로 실은 언제나 이미 규범화된 현존재의 정신의 가장 표본적인 양태 가운데 하나이다. 살인자를 향한 우리의 분노와 증오의 바탕에서 흐르는 심판과 분열의 정신의 근본 논증은 '모든 인간의 존재는 그 자체로서 긍정되어야 하므로 한 인간의 목숨이라도 빼앗은 자의 존재는 마땅히 부정당해야 한다'이다. 물론 이러한 논증은, 언제나 이미 규범화된 일상적 자기의 관점에서 보면, 자신을 향한 일종의 책망, 즉 자책自責이다. 살인 등을 금하는 규범이 있는 까닭은 우리에게 규범이 금하는 바를 행할 가능성이 결코 무화될 수 없는 것으로서 주어져 있기 때문인바, 규범을 지키지 못한 자를 향한 비난은 그와 똑같이 규범을 지키지 못할 자신의 잠재적 가능성을 향한 비난이기도 하기 때문이다.

물론 인간처럼 자기기만에 능한 동물은 없다. 인간은 기꺼이 자신의 잠재적 가능성에 눈감고, 비난의 화살이 타자에게만 향하도록 하는 데 익숙하다. 슐라이어마허의 권면과 달리 스스로 도덕적 심판의 근거로 작용하는 종교는 한편으로는 모든 인간을 잠재적·현실적 범죄자로, 모든 존재자를 그 존재 자체에서부터 긍정하고 사랑하라는 어떤 무제약적인 힘의 요청에 부응할 수 없는 자로 낙인찍는 가운데, 다른 한편으로는 이러한 운명으로부터 벗어날 특권이 자기에게만 부여되었다는 자가당착적이고 모순된 믿음을 지닌 속물들에 의해 운용되는 것이다. 종교적 성스러움의 외피를 입은 이러한 속물들은 자신의 속물근성을 자각하고 있을 수도 있고, 망각하고 있을 수도 있다. 전자에 해당하는 자들은 사기꾼이자 기꺼이 의도적 학살을 감행할 잠재적·현실적 학살자들이다. 후자에 해당하는 자들은 최악의 자기기만에 사로잡혀 있는 자들이다. 이들 역시 전자에 해당하는 자들과 마찬가지로 사기꾼이자 기꺼이 의도적 학살을 감행할 잠재적·현실적 학살자들에 불과하다.

보론補論: 실천적 사유의 하나인 윤리(학)는 존재의 근원적 전체성의 분열의 산물인바, 존재론적 존재사유보다 시원적일 수 없다 —자크 데리다, 루돌프 오토, 에마뉘엘 레비나스

하이데거가 슐라이어마허 연구를 통해 자신의 철학의 결정적인 전환을 이룰 수 있었다는 것을 우리는 하이데거가 초기 프라이부르크 시절에 행한 루돌프 오토Rudolf Otto의 저술『성스러운 것Das Heilige』에 대한 연구를 통해서도 알 수 있다. 잘 알려져 있듯이, 오토는 20세기의 대표적인 종교사상가 중 하나로, 슐라이어마허의 종교철학을 비판적으로 계승한 인물이다. 필자는 일찍이 『성스러운 것』의 핵심적 개념인 '미스테리움 트레멘둠Mysterium tremendum'(전율케 하는 신비)에 대한 하이데거의 존재론적 해석이 하이데거의 주저인 『존재와 시간』에서 실존의 근본 기조로서 규정된 실존론적 불안 개념의 유래라고 밝힌 바 있다. '미스테리움 트레멘둠'은 오토가 한편으로는 종교적 감정이란 일종의 직접적 자기의식이라는 슐라이어마허의 유명한 주장을 받아들이면서도, 다른 한편으로는 종교적 감정에 대한 슐라이어마허의 설명이 직접적 자기의식으로서의 종교적 감정이 지니는 근본 특성을 적절하게 드러내지 못했다고 보고 그 한계를 넘어설 가능성을 모색하는 가운데 창안해 내게 된 개념이다.[11]

이 책에서는 하이데거-슐라이어마허-오토 사이의 철학적 관계에 대한 상세한 논증은 제시되지 않을 것이다. 혹시 관심 있는 독자들은 『공감의 존재론』 등 앞의 각주에서 제시된 필자의 이전 저술들을 참조하기 바란다. 대신 필자는 자크 데리다Jacques Derrida가 오토의 '미스테리움 트레멘둠' 개념에 대해 행한 해석을 간략하게 소개하면서 이를 근거로 삼아 데리다의 에마뉘엘 레비나스Emmanuel Levinas 비판의 의미를 존재론적으로 재해석하고자 한다. 잘 알려져 있듯이, 레비나스는 후설 및

---

11   한상연(2018), 102 이하; 한상연(2006), 218 이하; Han(2005), 101 이하 참조.

메를로퐁티의 현상학, 하이데거의 존재론으로부터 큰 영향을 받은 사상가이면서도 특유의 윤리학적 관점에 입각해서 하이데거의 존재론을 강하게 비판한다. 그 때문에 하이데거의 존재론에 대한 레비나스의 윤리학적 비판을 다루는 것은 규범 개념과의 관계 속에서 하이데거의 존재론을 새롭게 재해석하고자 하는 이 책의 논의를 위해서도 의미 있는 일일 것이다.

데리다는 『죽음의 선물』에서 오토의 '미스테리움 트레멘둠'을 언급하면서 다음과 같이 주장한다.

> "**미스테리움 트레멘둠**에서 우리를 전율케 하는 것은 무엇인가? 그것은 무한한 사랑의 선물, 나를 바라보는 신적 시선과 나를 바라보고 있는 것을 보지 못하는 나 사이에 존재하는 비대칭이다. 그것은 대체할 수 없는 것 안에 존재하는 선물이자 죽음을 견딤, 무한한 선물과 나의 유한성 사이의 불균형, 죄업으로서의 책임, 죄, 구원, 회개, 그리고 희생이다."[12]

간단히 말해, 미스테리움 트레멘둠에서 우리를 전율케 하는 것은 기본적으로 무한자 내지 무한성과 유한자로서의 나 혹은 나의 존재의 근원적 유한성 사이에 존재하는 비대칭

---

[12] Derrida(1995), 55 이하. 원문 강조.

과 불균형이다. 우선 다음과 같은 점을 확인해 두자. 무한자 내지 무한성을 불안, 두려움, 전율과 함께 받아들이는 나는 무한자와 자기 사이의 관계를 외적 대립의 관계로서 파악하고 있으며, 실은 바로 여기에, 즉 무한자와 자기 사이에 가로 놓인 초월적 경계에 대한 의식에, 미스테리움 트레멘둠의 존재론적 근거가 놓여 있다. 역설적이게도 미스테리움 트레멘둠에서 나를 전율케 하는 무한자의 무한성은 전율하는 자로서의 나의 유한성을 통해 도리어, 적어도 나의 자기의식 속에서는 부정된다. 무한자의 무한성은 무엇보다도 우선 자기와 자기-아님을 가르는 경계가 없음을 가리키기 때문이다. 만약 무한자가 존재한다면, 무한자의 존재란 시간과 공간 안에서 타자와 외적 대립의 관계를 형성하는 유한자의 존재와 같은 것일 수 없는바, 존재하는 모든 것의 존재는 마땅히 무한자-안에-있음으로 규정되어야 할 것이다.

앞에서 언급한 바와 같이, 미스테리움 트레멘둠은 오토가 슐라이어마허의 종교철학을 비판적으로 수용하면서 제시한 개념이다. 1917년에 초판이 발행된 자신의 주저 『성스러운 것』에서 오토는 슐라이어마허의 "경건한 의존감정"으로서의 "종교" 개념이 자연적 사물들 사이의 관계에 대한 유비로부터 얻어진 것이라고 지적한다. '경건한 의존감정'은 슐라이어마허가 『기독교 신앙』(1821년 초판 발행)에서 개진한 개념으로서, 반성적 성찰이 매개되지 않은 일종의 직접적 자기의식을 가리킨다. 오토는 의존감정이란, 자신이 의존하고 있는 어떤 존재자에 대한 의식에 근거를 두고 있는 것이라는 점에서, 직접적 자기의식일 수 없다고 지적한다. 종교로서의 감정, 혹은, 종교의 가능 근거로서의 감정은 일종의 직접적 자기의식이어야 한다는 슐라이어마허의 관점을 수용하면서, 오토는 '경건한 의존감정'에 대한 대안으로 "피조물-감정 Kreatur-gefühl"을 제시한다. 미스테리움 트레멘둠은 피조물-감정의 근거이자 원인으로서, 자신의 피조물 됨을 가능케 하는 어떤 근원적인 존재에 의해 나의 온 정신이 불가사의한 신비에 사로잡힌 채 전율할 수밖에 없음을 가리키는 말이다.[13]

우선 주목할 점은 오토의 주장이 일종의 자가당착에 빠져 있다는 것이다. 오토에 따르면, 의존감정은 특정한 대상에 자신이 의존하고 있다는 사실관계에 대한 의식을 매개로 하는 것이기에, 반성적 자기의식일 뿐 결코 직접적 자기의식일 수 없다. 그런데 이런 식으로 따지면 피조물-감정 역시 직접

---

13   Otto(1971), 9 이하 참조. 경건한 의존감정이 직접적 자기의식이 아니라 반성적 자기의식일 수밖에 없다는 주장은 오토에 의해 처음으로 제기된 것이 아니다. 슐라이어마허와 동시대를 살았던 신학자 카를 고틀리프 브레트슈나이더(Karl Gottlieb Bretschneider) 역시 슐라이어마허의 종교적 의존감정 개념이 이미 사념된 신의 이념을 전제로 하기에 직접적 자기의식이 아니라 반성적 자기의식일 수밖에 없다고 지적한다. 이러한 주장에 대해 슐라이어마허는 종교적 의존감정을 인간의 실존관계의 표현이라고 규정하면서 종교적 의존감정은 전통 철학적 의미의 반성적 자기의식과 분명히 구분되어야 하는 것임을 밝힌다. 이 점에 대해서는 다음 참조. Schleiermacher(1990), 316 이하; Han(2005), 405 이하.

적 자기의식일 수 없다. 자신의 피조물 됨의 의식, 자신을 창조한 어떤 근원적인 존재에 자신의 삶이 그 기원을 두고 있다는 의식을 매개로 하지 않으면 피조물-감정은 생겨나지 않을 것이기 때문이다.

자신이 캄캄한 어둠 속을 헤매다 무언가 두렵고도 불가사의한 힘을 느끼고 전율하게 되었다고 상상해 보라. 두려움에 압도된 나는 자신에 대한 어떤 반성적 성찰도 수행할 수 없다. 의식이 완전히 마비되어 버렸기 때문이다. 물론 이러한 상태는, 자기의식 역시 일종의 의식인 한에서, 자기의식과 잠정적으로나 항구적으로 무관해진 상태이다. 충격이 너무나도 압도적이어서 나의 정신이 더 이상 자기의식이라 할 만한 것을 지닐 수 없을 만큼 파괴되고 혼란스러워지면 나는 일종의 백치 상태에 빠져 있는 셈이고, 그런 점에서 나를 나라고 부를 수 있게 하는 자기(성) 역시 더 이상 존재하지 않는다. 다행히 이러한 극단적인 상태에 빠져 있지 않은 경우, 나는 점차 의식을 회복하게 될 것이고, 지금 당장, 혹은 방금 전, 자신이 무언가 자기-아닌 두렵고 불가사의한 힘의 존재와 맞닥뜨리고 있거나, 있었다는 것을 의식하게 될 것이다. 이 맞닥뜨림은 설령 그 불가사의한 힘의 존재가 나의 온 존재를 완전무결하게 감싸고 있는 것으로서 파악된다고 하더라도 유효하다. 그것은 근원적으로 자기와 자기-아닌 존재자 사이의 외적 대립의 관계를 표현하는 것이기 때문이다. 결국 피조물-감정이란 직접적 자기의식의 표현이 아니라 자기의식으로서 존재함을 불가능하게 할 만큼 압도적인 힘의 존재에 자신의 존재가 그 근원을 두고 있음을 의식하는 일종의 반성적 자기의식 외에 다른 아무것도 아니라는 결론이 따라 나온다.

사실 이러한 결론은 논리적으로 지극히 당연하다. 자기의식이란 결국 자기를 의식함을 가리키는 것이 아닐까? 그런데 자기를 의식함은 자기와 자기-아닌 존재자 사이의 외적 대립의 관계를 그 근거로서 지닐 수밖에 없지 않은가? 이러한 문제는 소위 의식의 근원적 선반성성이라는 식의 개념을 끌어들인다고 해결될 수 있는 성격의 것이 아니다. 그 무언가 자극적인 것, 흥미로운 것, 아름다운 것, 증오할 만한 것, 두려운 것 등에 완전히 사로잡혀 있는 나의 의식은 자기를 따로 의식함이 없으며, 오직 자신을 사로잡고 있던 것으로부터 심리적 거리가 확보된 이후에야 자기가 그 무엇에 사로잡혀 있었다는 것에 대한 뒤늦은 자각의 형태로 자기의식이 형성된다. 사실 슐라이어마허의 의존감정 개념을 비판하며 오토가 자가당착에 빠져 버린 가장 기본적인 이유가 바로 이것이다. 무언가 두렵고 불가사의한 힘의 존재에 의해 완전히 압도당한 상태는 자기의식과 무관한 상태이다. 자기의식은 자기의식과 무관한 이전의 상태를 자기가 처해 있었던 어떤 특정한 상황으로 이해하고 해석함을 통해 비로소 형성된다. 자기의식과 무관한 이전의 '나'의 상태는 지금의 내가 자기에 대해 행하는 반성적 성찰을 통해 '이전에 자신이 처해 있던 상황'으로 파악된다는 점에서 선반성적 상태이다. 그러나 그 상황 속에서 나의 의식은 완전히 마비되어 있었으며, 따라서 자기의식 역시 실은 존재하지 않았다.

　데리다에게서도 이와 유사한 문제의식이 발견된다. 「폭력과 형이상학」에서 데리다는 —레비나스가 폭력적 사유의 한 유형으로서 고발하는— 하이데거의 "존재의 사유가 윤리적 폭력일 뿐 아니라", "레비나스적 의미에서"의 "윤리 역시 그것[존재의 사유] 없이 열릴 수 없는 것으로 보인다"고 지적한다.[14] 여기서 폭력이란 무엇보다도 우선 개념화를 가리킨다. 잘 알려져 있듯이, 레비나스는 —존재란 이론적 사유에 의해 개념화될 수 없는 것이라는 하이데거의 강조에도 불구하고— 하이데거의 존재론이 형이상학적 개념화의 폭력으로부터 자유롭지 못하다고 본다. 타자를 존재(자)성의 관점에서 해석하려는 존재론적 시도 자체가 개념화될 수 없는 타자의 타자로서의 절대성을 무화하고 부정하는 결과로 이어질 수밖에 없다는 것이다. 데리다는 윤리가 가능하기 위해서는 "그것[존재의 사유]이 —혹은 적어도 존재에 대한 선이해가— 타자가 자신이 그것인 바인 타자로서 받을 존중의 조건을 마련해야 한다"[15]라고 말한다. 달리 말해, 타자의 타자성은, 타자를 타자로

14　Derrida(1967), 202.

97

서 발견함을 그 조건으로 지닌다는 점에서, 타자를 자기-아닌 존재자로서 의식함, 타자와 구분되는 존재자로서의 자기를 의식함 등과 무관할 수 없다. 그런 점에서 타자의 타자성은 반성적 사유의 소산인 셈이고, 타자를 타자로서, 자기를 자기로서, 개념화함의 결과인 셈이다. 물론 레비나스에게 타자의 타자성을 발견하도록 하는 그 시원적인 근거는 결코 반성적 자기의식이나 개념화에 있는 것이 아니다. 그럼에도, 적어도 타자를 타자로서 발견함이 자기로서 존재함과 무관한 것일 수 없는 한에서, 타자의 타자성의 발견은 반성적 자기의식과 별개일 수 없다. 설령 타자의 타자성의 발견을 가능하게 하는 —자기의식보다 더— 시원적인 근거를 상정하는 것이 철학적으로 타당하다고 하더라도, 타자의 타자성의 발견이 자기의식과 무관하게 일어날 수 있다는 식으로 주장해서는 안 된다는 뜻이다. 전통 철학적인 표현을 차용하자면, 자기의식과 타자의식은 모두 무한자의 존재 내지 무한성의 분열의 산물이다. 그런데 무한자의 존재 내지 무한성의 분열의 산물은, 자기로서 파악되든지 아니면 타자로서 파악되든지 상관없이, 반성적 자기의식과 불가분의 관계를 맺고 있을 수밖에 없다. 실은 현존재의 자기로서 존재함이 이러한 분열의 존재론적 가능 근거이기 때문이다.

15   Derrida(1967), 202.

개념화가 타자의 타자로서의 절대성을 무화하고 부정하는 결과로 이어질 수밖에 없다는 레비나스의 관점은 무엇보다도 우선 타자(로서의 존재)가 개념화되거나 이론화될 수 없는 무한성의 직접적 드러남이라는 생각에 입각해 있는 것으로 보인다. 그러나 타자가 무한성의 직접적 드러남이라면, 이론적 사유뿐 아니라 실은 윤리적 사유 역시 타자의 타자로서의 절대성을 무화하고 부정하는 폭력일 수밖에 없다는 결론을 피하기 어렵다. 윤리적 사유란 필연적으로 자기와 타자의 구별을 전제로 하고, 그런 한에서 이미 무한성의 부정과 무화이기 때문이다.

자신의 주저 『전체성과 무한성』에서 레비나스는 ―모리스 메를로퐁티Maurice Merleau-Ponty의 『지각의 현상학』의 영향 아래― 후설의 "지향성" 개념을 비판적으로 고찰한다. "지향성, 또는 사유는 객체에서의 충전adéquation에 머무는 것이기에, [타자와의 만남을 통해 드러나는 환대성hospitalité, 무한성의 이념 l'idée de l'infini 등과 연관되도록] 의식을 그 근원적 수준에서 규정할 수 없다"는 것이다.[16] 사실 『전체성과 무한성』에서 레비나스가 수행하는 후설 비판은 결코 적지 않게 후설 현상학에 대한 오해 내지 몰이해에 기인하는 것으로 보인다. 그러나 이 점에 대한 상세한 논증을 제시하는 것은 이 글의 목적도 아니

---

16 Levinas(1990), 12.

고 또 이 글의 한계를 크게 넘어서는 것이다. 그러니 일단 지향성-객체(성)-충전 등을 하나로 묶어 버리는 레비나스식의 도식에 대해서만 간략하게 생각을 정리해 보도록 하자.

타자의 발견은, 그것이 무한성의 직접적 드러남으로서 파악될 수 있는 것이든 아니든 상관없이, 오직 의식의 지향적 구조와의 관계 속에서만 설명될 수 있다. 현상학의 지향성 개념에 관한 가장 조야한 오해 가운데 하나는 그것이 의식의 어떤 주체적 활동이나 의지, 의도 등을 나타내는 것이라는 것이다. 또 다른 하나는 의식의 지향적 구조가 존재에 대한 실체적이거나 순연하게 자기동일적인 의식의 절대적 선재성이나 전통 철학적 의미의 선험초월성을 전제하는 개념이라는 것이며, 앞서 언급한 레비나스의 오해는 바로 이 두 번째 오해에 기인하는 것이라고 볼 수 있다. 그러나 후설은 이미 1900/1901년에 출판된 『논리 연구』 초판의 제5장에서 지향성이란 의식의 근본 구조 외에 다른 아무것도 뜻하지 않는 것임을 상세하게 밝힌 바 있다.[17] 자신이 길을 걷다가 어떤 향기에 놀라 문득 걸음을 멈추었다고 상상해 보자. 그 순간 나의 의식은 분명 향기에 관한 의식이고, 향기가 꽃으로부터 오는 것임을 파악하고 있는 경우, 동시에 꽃에 관한 의식이기도 하다. 그러나 나의 의식이 향기와 꽃에 관한 의식이 되도록 한

---

17   Husserl(1993), 364 이하 참조.

것은 분명 의식의 주체성과 능동성이 아니라, 실은 꽃의 향기를 자기도 모르게 수용하도록 한 수동성이다.[18] 만약 지향적 의식의 상관자를 레비나스가 그렇게 하듯 객체라고 부른다면, 그것은 통념적 의미의 사물적 존재자로서의 객체 같은 것으로 한정될 수 없다. 의식이 관계 맺는 모든 것, 의식이 그와 관계를 맺으며 자기-아닌 것으로 구분하는 모든 것 —지향적 의식의 상관자로서의— 객체인 것이다.

레비나스의 관점에서 보면, 타자의 타자성은 자기의식에 추후로 뒤따르는 것도 아니고, 선험초월론적 자아의 활동을 통해 사물적 현상과 유비될 수 있는 것으로서 구성되는 것도 아니다. 레비나스는 곧잘, 아마 후설이 사물적 존재자에 대한 지각 현상을 중심으로 삼아 의식의 지향적 구조를 기술한다는 점에 주목하면서, 후설의 지향성 개념이 의식의 활동에 의해 감각적이고 주관적인 질료들로부터 구성된 객체 현상에 한정된 의미를 지니는 것처럼 설명한다. 이 점은 특히 레비나스가 감각sensation과 얼굴visage의 관계를 향유jouissance의 관점을 통해 기술하는 부분에서 두드러지게 나타난다. 레비나스에 따르면, "향유로서의 감각의 현상학이, 우리가 선험초월론적

---

[18] 현상학적으로 보면, 지향적 의식의 수동성은 존재 구성의 근원적 가능 조건으로서 수동적으로 선소여되어 있는 본능적 삶의 영역과 연관된 문제이며, 바로 이 지점에서 후설의 현상학은 정적 현상학의 한계를 넘어서 발생적이고 역동적인 현상학으로 나아갈 근거를 발견한다. 디머(1990), 125 이하에 이 점에 대한 적확하고도 비교적 알기 쉬운 논의가 나온다.

기능이라 부를 수 있는 것에 관한 연구로서 요청되는바, 이 선험초월론적 기능은 객체로도, 객체의 질적 특정화로도 필연적으로 이어지지 않는다."[19] 인용문을 통해 우리는 레비나스가 감각을 향유의 관점에서 분석하면서 암묵적으로 두 가지를 전제한다는 것을 알 수 있다. 첫째, 후설의 지향성 및 충전 개념은 의식에 의해 구성된 객체 현상에서나 통용될 수 있는 것으로서, 현상을 통해 드러나는 초월성(과 무한성)의 의미를 해명하는 데는 부적절하다. 둘째, 향유로서의 감각은, (아울러 향유의 가능성을 드러내는 타자의 얼굴의 감각적 수용은) 후설의 지향성 및 충전 개념의 한계를 넘어서는 것으로서, 그 까닭은 향유로서의 감각이 객체의 충전적 속성과도 같은 것으로서 파악될 단순한 데이터로서의 감각과 근원적으로 다르기 때문이다. 그러나 후설이 의식의 지향적 구조를 객체 현상을 표본으로 삼아 기술하는 경향이 있다는 것으로부터 후설이 의식의 지향적 구조를 객체 현상과 의식의 관계로 국한한다는 결론이 따라 나오는 것은 아니다. 향유로서의 감각 역시 현상학적으로 보면 지향성 및 충전과 무관한 것일 수 없다. 향유의 순간을 기다리는 나의 의식은 분명 향유의 감각 및 그 가능 근거로서의 특정한 존재자와 지향적 관계를 맺고 있으며, 순연하게 추상적인 이념으로서 사념되는 것이 아니라 구체적으로

---

19   Levinas(1990), 205.

체험될 것으로서 기대되는 것인 한에서, 향유는 향유를 가능하게 할 구체적 존재자와 연관된 것으로서 파악되어야 하기 때문이다.

충전이란 현상학적으로 의식이 자기-아닌 것으로 구분하는 자신의 상관자에게서 구체적으로 발견하는 모든 것을 가리킨다. 하나의 존재자는 그 색과 향기의 발견을 통해서만, 특정한 종류의 색과 향기가 그 존재자에게서 발견하게 되는 것임을 각성함을 통해서만, 내게 꽃으로서 발견될 수 있다. 그 점은 레비나스적 의미의 타자에서도 마찬가지이다. 타자의 무한성 혹은 타자를 통해 직접 현시되는 무한성은 결코 추상적 개념 같은 것일 수 없다. 그것은 내가 타자를 타자로서 발견하도록 하는 그 근원적인 근거이며, 생생한 것이고, 그런 한에서 타자의 무한성은 그 자체로 타자의 타자 됨을 가능하게 하는 그 충전적 의미이다. 물론 타자의 무한성은 이론적 사유의 한계를 근원적으로 넘어서 있다. 그것은 본래 체계화될 수 없는 것이며, 바로 그런 점에서 통념적 의미의 객체성으로 한정될 수도 없다. 그러나 이 점은, 현상학의 지평 개념에서 확인할 수 있는 것처럼, 후설 현상학에서도 마찬가지이다. 현상학적으로 모든 존재자는 통념적 의미의 객체성으로 한정될 수 없는 무한한 지평과의 관계 속에서 발견되는 것이고, 그런 점에서 하나의 존재자에게서 발견되는 모든 충전적 의미는 완전한 충전의 근원적 불가능성 외에 다른 아무것도

지시하지 않는다.[20]

　한 가지는 분명하다. 실천은, 레비나스적 의미의 윤리까지 포함해서, 이론(적 사유)과 마찬가지로 무한(성)의 분열에 그 가능 근거를 지니고 있다. 실천에 정향된 사유나 이론에 정향된 사유가 실천적 규범들의 체계 및 이론적 개념들의 체계로 한정될 수 있는 무한성의 의미를 발견하든 발견하지 못하든 상관없이, 실천과 이론은 본질적으로 무한(성)의 분열에서 출발하는 현존재의 활동성을 가리키는 말이라는 뜻이다.

20　후설의 지평 개념과 의식의 지향성 개념 사이의 관계에 관해서는 다음 참조. Aguirre(1970), 145 이하.

4장 | 존재론적 폭력으로서의 형이상학과 윤리

현존재의 근원적 현사실성에는 결함 있는 양태로 공동 현존재와 함께-있음이 속해 있으며, 이는 곧 온전한 양태로 함께-있음이란 함께-있음의 결함 있는 양태를 온전한 양태로 되돌리려는 존재론적 결의의 순간 속에서만 드러나는 일종의 무無일 뿐이라는 것을 알린다

윤리적 사유는 일종의 계산적 사유로서, 공동 현존재와 결함 있는 양태의 함께-있음의 관계를 맺을 현존재의 가능성은 스스로 무화하고, 반대로 공동 현존재와 결함 없는 양태의 함께-있음의 관계를 맺을 현존재의 가능성은 스스로 극대화하도록 현존재를 몰아세우는 권력의 기제이기도 하다

일상세계는 본래 존재론적 도살장이자 세계-무덤으로서 규정되어야 하는 장소이며, 그 근원적인 이유는 역설적이게도 바로 사랑과 환대의 정신이다

현존재의 근원적 현사실성에는 결함 있는 양태로 공동 현존재와 함께-있음이 속해 있으며, 이는 곧 온전한 양태로 함께-있음이란 함께-있음의 결함 있는 양태를 온전한 양태로 되돌리려는 존재론적 결의의 순간 속에서만 드러나는 일종의 무無일 뿐이라는 것을 알린다

레비나스의 철학적 윤리학의 한계에 대한 필자의 존재론적 비판은 레비나스의 윤리적 관점에 대한 거부로 오인되어서는 안 된다. 독자들 가운데는 레비나스의 윤리적 관점에 동의하는 이들도 있을 것이고, 반대로 동의하지 않는 이들도 있을 것이다. 필자의 논의는 레비나스의 윤리적 관점을 긍정하거나 부정하는 것과는 아무 상관도 없다. 필자는 다만 실천과 이론이란 본질적으로 무한(성)의 분열에서 출발하는 현존재의 활동성을 가리키는 말이라는 존재론의 진실에 입각해서 보면 레비나스적 의미의 윤리 역시 예외일 수 없다는 것을 지적하고자 할 뿐이다.

윤리란 좋은 것인가, 아니면 나쁜 것인가? 이러한 물음은 물론 좋음과 나쁨의 판단기준이 무엇인가의 문제와 결부되어

있다. 예컨대, 인간이 가치판단의 기준이 되는 경우, 인간에게 이로움을 가져다주는 윤리는 좋은 것이고, 반대로 인간에게 해를 끼치는 윤리는 나쁜 것이라는 결론이 나온다. 이 경우 인간이 아닌 다른 동물들이나 식물들, 전체로서의 자연에 대한 인간의 착취와 학대는 그 자체로서는 문제가 되지 않는다는 결론이 나온다. 반대로 가치판단의 기준이 모든 살아 있는 것으로 확장되는 경우 인간에게 이로움을 가져다주는 윤리가 실은 나쁜 윤리일 수 있고, 반대로 인간에게 해를 끼치는 윤리는 좋은 윤리일 수 있다. 아마 인간이 아닌 생명체의 관점에서 보면, 인간이란 대체로 해로운 존재라고 보아야 할 것이다. 이 말은 단순히 인간이 다른 생명체에게 파괴적인 방식으로 생활한다는 것을 의미하지 않는다. 생명체의 한 종은 다른 종의 생명체에게 파괴적일 수 있다. 예컨대, 초식동물의 관점에서 보면 자신을 먹이로 삼는 육식동물이 그러하고, 꿀벌의 관점에서 보면 말벌이 그러하며, 남극새우라고도 불리는 크릴새우의 관점에서 보면 수염고래가 그러하다. 생명체의 한 종이 다른 종의 생명체에게 파괴적인 것이 윤리적인 문제가 되지 않는 것은 자연 속에서는 살아 있는 모든 것이 일종의 먹이사슬 관계를 맺고 있다는 전제 때문이다.

물론 이러한 전제를 설정하고 그로부터 이런저런 윤리적 판단을 내리는 것은 인간이다. 인간의 경우는 어떠한가? 인간은, 전통 철학적 표현을 차용하자면, 도구적 이성을 지닌 특별한 동물로서 기술문명을 일으킨 탓에 먹이사슬로부터 벗어난 것처럼 보인다. 그렇기에 인간이란 스스로 다른 생명체의 먹이가 됨으로써 생태계의 먹이사슬이 유지되는 데 기여하지는 않으면서도 자신이 아닌 다른 생명체를 자신을 위해 남용할 수 있는 가능성을 지니고 있다. 아마 바로 이것이 인간 중심주의적 관점에서 벗어나 자연 전체의 관점에서 삶의 의미를 이해하는 법을 배워야 한다는 식의 사상이 예부터 종종 형성되는 까닭일 것이다. 인간이 다른 종의 생명체에게 주는 이로움은 지극히 적지만, 인간이 다른 종의 생명체로부터 취하는 이로움은 매우 크다. 아니 솔직히 인간은 분명 다른 종의 생명체에게 대체로 매우 해로운 존재이다. 기술문명이 고도로 발전한 오늘날, 인간에 의해 일어나는 온갖 환경문제를 생각해 보면 이 점에 관해서는 의심의 여지가 있을 수 없다.

　　그러나 인간과 다른 생명체 사이의 관계를 이익과 손해의 관점, 즉 계산적 공평함의 관점에서 고찰하는 일은 철학적 타당성을 획득하기 어렵다. 예컨대, 만약 인간이 다른 생명체를 자신을 위해 남용하지 않고 생태계의 균형이 잘 유지되도록 현명하게 생활하는 경우는 어떠할까? 생태계의 균형을 무너뜨리지만 않는다면, 인간은 다른 생명체를 마음껏 학대하고 착취해도 좋은 것일까? 생명체가 겪는 고통의 문제에 민감한 사람이라면 이러한 물음 자체가 매우 기이하고 잔인하게 여겨질 것이다. 그러나 인간이 아닌 다른 동물들은 다른 생명체를 위해 마음 써야 한다는 식의 생각은 별로 하지 않는 것 같다. 그렇다면 인간에게도 마찬가지로, 다른 생명체를 위해 마음 쓸 필요나 의무 같은 것은 본래 없는 것이 아닐까? 본질적으로 비非-윤리적인 동물들이나 식물들을 위해 인간이 윤리적이 되려 애써야 할 필요가 대체 어디 있을까? 이러한 비대칭적인 관계는, 인간에게만 다른 생명체와의 관계에서 윤리적이 될 의무를 부여한다는 점에서, 본래 인간을 위해 부당한 관계가 아닐까?

자연 속에서 생존을 위해 한 종의 생명체가 다른 종의 생명체에게 가하는 고통은 대체로 참혹하다. 작은 동물들은 수만, 수십만 마리씩 한꺼번에 떼죽음을 당하기도 하고, 큰 동물들은 무리 지어 사냥하는 작은 육식동물들에게 산 채로 갈기갈기 찢기기도 한다. 그러나 그 누구도 잔인한 동물들을, 그 잔인함을 분명하게 알고 있으면서도, 악한 동물이라는 식으로 비난하지 않는다. 동물들이란 타고난 본성과 충동에 의해 살아갈 뿐이라는 것이 그 이유의 하나이고, 결국 모든 살아 있는 것은 먹고 먹히는 먹이사슬 속에서 존재하기에 결국 자기도 모르게 전체로서의 생명의 세계가 잘 존속하는 데 이바지하게 된다는 것이 또 다른 하나의 이유이다.

이제 조금 전 제기된 질문으로 돌아가 보자. 인간이 다른 생명체를 마음껏 학대하고 착취함은 오직 생태계의 균형을 무너뜨리는 경우에만 윤리적으로 문제가 되는가? 정해진 답은 없다. 누군가는 그렇다고 대답할 것이고, 또 누군가는 그렇지 않다고 대답할 것이다. 그러나 겉으로 보기에 상반된 이 두 가지 대답은 실은 한 가지 근본적인 공통점을 지닌다. 개개의 인간이란 원자적 개체로 규정될 수 없는 존재자로서, 자신이 속한 어떤 존재자들의 전체 집합을 위해 마음 쓰고 배려해야만 하는 존재자라는 믿음이 그것이다. 자신이 마음 쓰고 배려해야 할 대상으로서의 존재자들을 인간으로 한정하는 경우, 자신이 속한 전체로서의 집합은 인간들만을 원소로서 지니는 셈이고, 이 경우 인간 이외의 생명체들은 윤리적 판단과 무관한 존재가 된다. 반면 자신이 마음 쓰고 배려해야 할 대상으로서의 존재자들을 모든 생명체로 확대하는 경우, 자신이 속한 전체로서의 집합은 모든 살아 있는 것을 원소로서 지닌다. 물론 이 경우 인간 이외의 생명체들은 윤리적 판단과 무관하지 않은 존재가 된다.

결국 윤리란, 그 판단의 대상을 인간으로 한정하든 아니면 모든 생명체로 확대하든, 자신이 속한 어떤 전체로서의 집합을 위해 마음 쓰고 배려할 수 있는 인간 현존재의 역량의 표현인 셈이다. 물론 이것은 앞에서 논의한 레비나스적 의미의 윤리를 위해서도 마찬가지이다. 타자를 무한성의 직접적인 현시로 이해할 가능성과 역량이 현존재에게 주어져 있지 않다면, 그리고 이러한 이해를 근거로 삼아 타자를 환대하고 섬길 결의를 품을 가능성과 역량이 현존재에게 주어져 있지 않다면, 레비나스적 의미의 윤리에 관해 논할 수도 없고, 설령 논한다고 하더라도 오직 공허할 뿐이다. 한마디로, 윤리의 존재론적 가능 근거는 바로 현존재의 존재 자체이다.

이제 원래의 문제에 대한 생각을 정리해 보자. 윤리란 좋은 것인가, 아니면 나쁜 것인가? 이 물음은 존재론적으로 '현존재가 윤리의 존재론적 가능 근거로서 존재함은 좋은 것인가, 아니면 나쁜 것인가?'라는 물음과 같다. 물론 이 물음에 대한 대답 역시 가치판단의 기준을 어떻게 정하느냐에 따라 달라질 수 있다. 그러나 '윤리란 좋은 것인가, 아니면 나쁜 것인가?'라는 통속적인 물음에는 거의 완전히 은폐된 채 남아 있는 존재론적 진실 하나가 '현존재가 윤리의 존재론적 가능 근거로서 존재함은 좋은 것인가, 아니면 나쁜 것인가?'라는 존재론적 물음에는 은밀하면서도 분명하게 드러나 있다. 그것은 바로 윤리란 본래 현존재의 함께-있음의 결함 있는 양태에 그 가능 근거를 두고 있다는 진실이다.

예컨대, 현존재에게 도구적 이성만 있고, 윤리적 양심은 없다고 전제해 보자. 이 경우 인간은 인간 이외의 생명체를 무자비하게 학대하고 착취할 것이며, 인간이 다른 생명체에 대한 학대와 착취를 완화하는 경우가 있다면 그것은 다만 생태계의 균형이 무너지는 것이 인간 자신을 위해서도 좋지 않다는 계산적인 생각 때문일 것이다. 따라서, 적어도 논리적으로만 보면, 현존재가 윤리의 존재론적 가능 근거로서 존재함은, 인간 이외의 생명체의 관점에서 보면, 인간에 의해 당하게 될 학대와 착취를 다소나마 완화하게 할 가능성 및 인간에 의해 인간과 함께-있을 존재자로서 긍정될 수 있는 가능성을 열어 보여 주는 셈이다.

물론 함께-있음에 대한 『존재와 시간』의 해명만 놓고 보면, 현존재에게 자신과 함께-있을 존재자는 오직 공동-현존재뿐이다. 그래도 일단 현존재에게는 인간이 아닌 생명체와 정신적으로 교감할 수 있는 능력이 실제적으로 주어져 있거나, 설령 그러한 능력이 전혀 주어져 있지 않더라도, 그러한 능력이 있음을 믿고 스스로 함양하려 결의하고 노력할 가능성이 주어져 있다는 것을 전제해 보자. 함께-있음에 대한 하이데거의 존재론적 논의가 모종의 인간 중심주의를 감추고 있는지 등을 둘러싼 까다로운 문제에 대한 고민은 다른 기회에 풀어 보기로 하고 말이다.

우선 우리가 물어야 할 것은 인간 이외의 생명체가 인간에 의해 조금이라도 덜 학대당하거나 덜 착취당하는 데 있어 현존재가 윤리의 가능 근거로서 존재함이 필요한 이유이다. 존재론적으로 말하자면, 그것은 인간 현존재가 다른 생명체와 결함 있는 양태로 함께-있기 때문이다. 만약 현존재가 다른 생명체와 온전한 양태로 함께-있다면 현존재는 다른 생명체를 학대하거나 착취하려고도 하지 않을 것이고, 설령 그런 계획을 세웠다고 하더라도, 자신이 학대하고 착취할 생명체의 고통을 차마 외면하지 못해 스스로 그 계획을 포기하게 될 것이다. 결국 현존재에게 온전한 양태로 자신과 함께-있는 존재자의 기쁨과 고통은 자기 자신의 고통과 기쁨이기도 한 것이다.

그렇다면 인간들 사이의 관계, 혹은 현존재와 공동 현존재 사이의 관계에서는 어떨까? 여기서도 마찬가지이다. 만약 인간이 꿀벌이나 개미처럼 오직 자신이 속한 전체로서의 집합을 위해 결의할 뿐, 전체로서의 집합의 이해利害와 무관하게 오직 자신만을 위해 결의할 가능성을 지니고 있지 않다면, 인간에게는 윤리가 불필요할 것이고, 또 아예 생겨나지도 않을 것이다. 결국 인간에게 윤리가 필요한 까닭은 인간이 자신이 속한 전체로서의 집합의 이해와 무관하게 오직 자신만을 위해 결의할 가능성을 지니고 있다는 것에서 발견되는 셈이다. 왜 인간은 자신이 속한 전체로서의 집합의 이해와 무관하게 오직 자신만을 위해 결의할 가능성을 지니게 되는가? 자신이 속한 전체로서의 집합의 원소인 다른 인간들과 결함 있는 양태로 함께-있기 때문이다.

엄밀히 말해, 수학적 집합론을 차용해서 현존재와 공동 현존재 사이의 관계를 일종의 원소들 간의 관계처럼 기술하는 것은 본래 자가당착적이다. 자신과 함께-있는 존재자는 자신과 외적 대립의 관계 속에 머무는 순수하고 순연한 실체적 개체일 수 없기 때문이다. 그러나 실은 이 자가당착 속에 현존재와 공동 현존재 사이의 함께-있음의 근본 특성이 담겨 있다. 함께-있는 존재자로서 공동 현존재는 분명 나와 외적 대립의 관계에 있는 존재가 아니고, 따라서 나의 자기도, 공동 현존재의 자기도, 순수하고 순연한 실체적 개체로서의 자기와 같은 것일 수 없다. 그러나 자신의 존재를 자기로서 이해함에는 이미, 혹은 전통 철학적으로 말해 자신에 대한 의식으로서의 자기의식을 지님은 이미, 나와 공동 현존재에게 자신의 존재를 타자와 무관한 개별자로서의 존재로 이해하는 경향이 있음을 암시한다. 그러므로 꿀벌이나 개미처럼 오직 자신이 속한 전체로서의 집합을 위해 결의할 뿐, 전체로서의 집합의 이해와 무관하게 오직 자신만을 위해 결의할 가능성을 지니고 있지 않은 동물들은 서로 함께-있는 것도 아니고, 설령 사유할 수 있는 능력이 있다손 쳐도, 윤리적으로 존재하는 것도 아니다. 그들은 다만 자신의 종에 특유한 본성과 충동에 충실하게 전체를 위해 살아갈 뿐이다.

오직 현존재만이 공동 현존재를 지닐 수 있고, 공동 현존재와 함께-있을 수 있다. 오직 현존재만이 윤리적일 수 있으며, 윤리적 결의 속에서 타자를 자신과 무관한 존재자로서 배척하지 않고 타자와 함께-있을 가능성을 모색할 수 있다. 그러나 이 모든 가능성은 현존재가 공동 현존재와 결함 있는 양태로 함께-있는 존재자로서 존재함에서 기인한다. 엄밀히 말해, 결함 있는 양태로 공동 현존재와 함께-있음은 현존재의

근원적 현사실성에 속한 것이고, 온전한 양태로 함께-있음이
란 함께-있음의 결함 있는 양태를 온전한 양태로 되돌리려는
존재론적 결의의 순간 속에서만 드러나는 일종의 무無일 뿐이
다. 함께-있음 자체가 자신과 타자 사이의 외적 대립의 관계
를 그 가능 근거로서 전제하는 것이기 때문이다.

**윤리적 사유는 일종의 계산적 사유로서, 공동 현존재와 결
함 있는 양태의 함께-있음의 관계를 맺을 현존재의 가능성은
스스로 무화하고, 반대로 공동 현존재와 결함 없는 양태의 함
께-있음의 관계를 맺을 현존재의 가능성은 스스로 극대화하도
록 현존재를 몰아세우는 권력의 기제이기도 하다**

윤리란 현존재와 공동 현존재 사이의 결함 있는 양태의
함께-있음에 기인하는 것이라는 존재론적 진실은 우리에게
무엇을 알려 주는가? 가장 그럴듯한, 그리고 논리적으로 가장
수월하게 도출해 낼 수 있는 설명은 현존재란 자신과 공동 현
존재 사이의 함께-있음을 결함 있는 양태로부터 결함 없는 양
태로 전환해야 하는 존재자로서 존재한다는 식의 설명이다.
그렇다면 결함 없는 함께-있음의 양태란 대체 어떠한 것인
가? 엄밀히 말해, 결함 없는 함께-있음의 양태란 존재론적으
로 일종의 모순어법에 지나지 않는다. 존재론적 의미의 함께-

있음이란 현존재와 공동 현존재가 각각 자신의 개체성을, 타자와 구분되는 존재자로서의 자기의 고유성과 단일성을, 자각하고 있음을 전제하는 용어이기 때문이다. 개미나 꿀벌 같은 곤충들은, 만약 이러한 곤충들이 개체로서의 자기를 위함 없이 철저하게 전체를 위해서만 생활하는 곤충들이라면, 존재론적 의미로 함께-있는 것이 아니라 그저 타고난 본능과 충동에 의해 전체를 위한 순연한 부품으로서 존재할 뿐이다. 달리 말해, 현존재에게는 자신이 속한 특정한 전체로서의 집합을 위해서만 존재하지 않고, 전체의 이익에 반하거나 해로운 선택을 할 가능성이 언제나 이미, 무화할 수 없는 근원적인 것으로서, 주어져 있다. 이는 현존재가 전체의 순연한 부분으로 환원될 수 없는 자기의 존재의 고유성과 개별성을 언제나 이미 이해하고 있는 존재자라는 존재론적 진실로부터의 필연적인 귀결이다.

여담이지만, 바로 여기에 하이데거의 존재론이, 나치즘에 부역한 하이데거의 과오에도 불구하고, 나치즘 및 보다 포괄적인 개념으로서의 파시즘과 양립하기 어려운 까닭이 있다. 잘 알려져 있듯이, 파시즘의 상징인 파스케스fasces는 균일한 두께와 형태의 —자작나무나 느릅나무의— 막대들을 붉은 끈으로 단단하게 묶은 다발에 도끼 머리를 끼운 형태를 띠고 있다. 파시즘적 전체주의 내지 결속주의結束主義는 모든 개인을 하나의 전체로 단단하게 묶어 세워야 한다는 관점에서 출발하는바, 이러한 관점에서 보면 개개인의 개성이라는 마디는 마땅히 매끈하게 잘려 나가야 한다. 개성이라는 마디는 막대들을 단단하게 묶어 세우는 데 방해가 되기 때문이다. 즉 파시즘의 본질이란 단일한 전체의 형성 및 그 보존만을 유일무이한 목적으로 삼아 작동하는 계산적 사유로서, 전체를 위한 순연한 부품이 되도록 현존재를 몰아세움이 그 기본적인 작용방식이다. 바로 이 때문에 우리는 하이데거의 정치적, 철학적 과오를 철저하게 밝히고 비판하는 한편, 근현대의 계산적 사유에 대한 하이데거의 존재론적 비판의 철학사적·세계사적 의의를 잘 살려 나가려는 노력을 함께 기울여야 한다.

불행하게도, 하이데거의 과오를 빌미로 하이데거의 철학을 연구조차 해서는 안 되는 불온한 철학으로 터부시하기를 원하는 자들이 적지 않다. 이러한 자들은 대개 사이비 지식인들로서, 이미 지난 권력으로서의 나치즘에 대해서는 단호하지만 현재의 권력에 대해서는, 여전히 막강한 위력을 발휘하고 있는 계산적 사유의 폭력성에 대해서는, 터무니없이 무르고 무지한 자들이다. 솔직히, 얼마나 우스운 일인가. 플라톤은 민주주의의 반대자였지만 누구도 플라톤의 철학을 터부시하지 않는다. 플라톤의 사상과 철학에 찬성하든 반대하든, 플라톤의 사상과 철학을 철저하게 연구하지 않으면 유럽의 역사 및 강압적 서구화로 특징지어질 근현대의 세계사를 온전히 이해할 수 없음을 알기 때문이다. 하이데거에 대해서도 마찬가지의 이야기를 할 수 있다. 하이데거의 사상과 철학에 찬성하든 반대하든, 하이데거의 사상과 철학을 철저하게 연구하지 않으면 하이데거 이후 유럽의 역사 및 근현대의 세계사를, 지성사를, 존재론적 자유 및 가치로 환원될 수 없는 존재 자체의 의미의 보존을 위한 치열한 사상적 투쟁의 여러 흐름을, 온전히 이해할 수 없다. 그러니 하이데거의 과오를 빌미로 하이데거의 사상과 철학을 터부시하는 자는, 스스로 알고 있든 모르고 있든 상관없이, 실은 현재의 권력에 아첨하는 사상적 어릿광대일 뿐이다.

다시 원래의 이야기로 돌아가 보자. 하이데거의 관점에서 보면, 결함 없는 양태의 함께-있음이란, 마치 본래적 자기가 일상적이고 비본래적인 자기를 자기-아님으로 부정하고 자기의 본래성을 되찾으려는 결의의 순간의 현존재를 지칭하는 것처럼, 결함 있는 양태의 함께-있음을 지양하고 결함 없는 양태의 함께-있음을 이루어 내려는 결의의 순간에만 일종의 무로서 존재할 뿐이다. 여기서 '무로서 존재함'이란 단순히 '존재로서 긍정될 수 없는 순연한 허무에 지나지 않음'이라는 뜻으로 오인되어서는 안 된다. 지금까지의 일상적 자기를 자기-아님으로서 부정하는 결의의 순간에 드러나는 현존재의 존재의 근원적인 무성無性이야말로 존재론적 의미의 역사성의 가능 근거이기 때문이다. 현존재란 자신의 존재에 대해 스스로 책임을 떠안고 있는 존재자인바, 이는 곧 현존재가 지금까지의 일상적 자기로서 현존함에 만족하지 않고 아직 도래하지 않은 미래의 자기를 새로운 자기로서, 지금의 자기와 다른 존재자로서, 기획하고 투사해야 하는 존재자라는 것을 뜻한다. 존재론적 관점에서 보면 윤리 역시 바로 이러한 현존재의 가능성에 그 근거를 두고 있을 수밖에 없다. 지금까지의 자기와 달라질 가능성을 지니지 못한 존재자는 자신의 존재에 대해 스스로 책임을 떠맡을 수 없고, 자신의 선택과 결의에 의해 지금까지의 자기와 다른 도래할 미래의 자기를 기획하고 투사할 수 없으며, 그런 한에서 본래적으로 비-윤리적인 존재자일 수밖에 없다는 뜻이다.

전통 철학적인 의미의 윤리는, 존재론적으로 풀어 보자면, 자신과 공동 현존재 사이의 함께-있음이 결함 있는 양태에 머물고 있음을 자각할 현존재의 가능성 및 이러한 자각을 근거로 삼아 자신과 공동 현존재 사이의 함께-있음을 부단히 덜 결함 있는 상태로, 가능한 한에서는 최대한 결함 없는 상태로, 전환해 나갈 현존재의 가능성에 근거해 있는 것이라고 볼 수 있다. 예컨대, 인간세상에서 벌어지는 모든 투쟁의 근본 이유가 공익보다 사익을 우선시하는 인간들의 사심에 있다고 전제하는 경우, 현존재와 공동 현존재 사이의 함께-있음을 결함 있는 양태로 만드는 근본 이유 역시 사심에 있는 셈이다. 그렇다면 현존재와 공동 현존재 사이의 함께-있음이 최대한 결함 없는 것이 되려면 각각의 현존재는 공익보다 사익

120

을 우선시하는 자신의 사심을 최대한 버려야 한다는 결론이 따라 나온다. 이러한 결론은 물론 모든 현존재를 향한 윤리적 요청 내지 요구로서의 의미를 지닌다. 현존재에게서 함께-있음의 양태를 결함 있는 것으로 만드는 원인과 이유를 발견한 뒤, 현존재에게 스스로 자기에게 있는 그 원인과 이유를 제거해 나갈 것을 요구함이 전통적인 의미의 윤리의 작용방식인 것이다.

존재론적으로 보면, 전통적인 의미의 윤리의 작용방식은 그 자체로 현존재와 공동 현존재 사이의 함께-있음을 결함 있는 양태로 만드는 그 원인이자 이유이다. 이 말은 현존재가 자기에게서 함께-있음의 양태를 결함 있는 것으로 만드는 그 원인과 이유를 발견한 뒤 제거하려 애쓸 필요가 없다는 뜻이 아니다. 예컨대, 앞의 사례에서처럼 공익보다 사익을 우선시하는 사람들이 많아 인간들 사이에서 끝없이 투쟁과 갈등이 일어나는 경우, 우리는 마땅히 공익보다 사익을 우선시하는 자신에 대해 반성하고 자신의 과오를 개선해 나가려 노력해야 할 것이다. 전통적인 의미의 윤리가 가장 이상적으로 작용하는 경우, 우리는 공동체의 구성인자로서의 모든 인간이 마치 성인군자처럼 사익을 추구하는 마음 없이 오직 공익의 실현을 위해서만 마음 쓰게 될 것이라고 상정해 볼 수 있다. 물론 이상은 이상일 뿐 결코 현실일 수 없다. 그럼에도, 최대한 많은 인간이 성인군자를 삶의 모범으로 삼아 오직 공익만을 추구하려 애쓰는 사회가 그렇지 않은 사회보다 훨씬 바람직하다고 볼 수 있을 것이다. 그렇다면, 전통적인 의미의 윤리가 반드시 존재론적으로 현존재와 공동 현존재 사이의 함께-있음을 결함 있는 양태로 만드는 그 원인이자 이유라고 말할 수는 없지 않을까?

필자 역시 전통적인 의미의 윤리가 현존재와 공동 현존재 사이의 함께-있음을 결함이 적어지도록 하는 방향으로 작용할 가능성을 지니고 있다는 것을 부정하지 않는다. 분명 살인과 도둑질이 횡행하는 사회보다 사람들이 자발적으로 서로의 권리와 이익을 존중해 주는 사회가 존재론적으로 덜 결함 있는 함께-있음의 관계로 특징지어질 수 있는 사회일 것이다. 그러나 하나의 사회에서 사람들이 자발적으로 지켜 나갈 윤리와 규범이란 대체 어떻게 마련되는 것일까? 이상적으로 보면, 주로 세 가지에 의해 마련되는 것이라고 볼 수 있다. 첫째, 모든 사람에게 보편타당한 행위와 그렇지 못한 행위를 판가름하게 해 줄 그 근거로서 주어져 있는 어떤 이성적 도덕성. 둘째, 자신에게 주어져 있는 도덕성에 근거하여 보편타당한 것으로 판단된 행위를 자신을 위한 유불리의 문제와 무관하게 언제나 단호하고 수미일관하게 실행할 어떤 이성적 의지. 셋째, 이성적 도덕성과 이성적 의지를 두루 갖춘 사람들이 부당한 억압을 받는 일이 없게끔 작용하는 권력의 체계. 그런데 이 세 가지 모두 현실과 상이한 하나의 이상으로서 상정된 것일 뿐, 그 자체로 현존재의 현사실성에 속한 것으로서 파악될 수는 없다. 아니, 엄밀히 말해 이 세 가지는 모두 특정한 종류의 윤리관에 의해 이상적인 것으로서 상정된 어떤 인간 유형이 되도록 현존재를 몰아세우는 권력의 기제로서 현존재의 현사실성에 속한다. 그것은 윤리와 규범이 현존재가 할 수도 있고 경우에 따라 기꺼이 하려고 하기도 하는 그러한 생각과 행위에 대한 일종의 규제로서 작용하는 법이라는 자명한 진실로부터의 필연적 귀결이기도 하다.

현존재를 몰아세우는 권력의 존재는 현존재 자신을 위해 바람직한 것인가, 아니면 바람직하지 않은 것인가? 이러한 물음은 '특정한 종류의 윤리관에 의해 이상적인 것으로서 상정된 어떤 인간 유형이 되도록 자신을 몰아세우는 권력이 없는 경우, 현존재는 공동 현존재와의 관계 속에서 자기파멸적인 방식으로 생각하고 행위하게 되는가'라는 물음과 같다. 세 가지 대답이 가능하다. 첫째, 현존재는 충분히 이성적이고 윤리적인 존재여서 윤리적이 되도록 자신을 몰아세우는 권력을 필요로 하지 않는다는 전제하에서의 대답이다. 이 경우 현존재를 몰아세우는 권력의 존재는 현존재를 위해 바람직하지 않다는 결론이 따라 나온다. 둘째, 현존재는 본래 이성적이거나 윤리적이기는커녕 비이성적이고 비윤리적인 존재여서 자신으로 하여금 윤리적 존재가 되도록 몰아세우는 권력의 존재를 필요로 한다는 전제하에서의 대답이다. 이 경우 현존재를 몰아세우는 권력의 존재는 현존재를 위해 바람직하다는 결론이 따라 나온다. 셋째, 현존재는 이성적이고 윤리적인 존재가 될 수도 있지만 반대로 비이성적이고 비윤리적인 존재가 될 수도 있는 이중적인 존재여서 자신을 몰아세우는 권력을 필요로 하게 될 때도 있고, 필요로 하지 않게 될 때도 있다는 전제하에서의 대답이다. 이 경우 현존재를 몰아세우는 권력의 존재는 현존재를 위해 바람직할 수도, 바람직하지 않을 수도 있다는 결론이 따라 나온다.

엄밀히 말해, 첫째 대답과 둘째 대답은 자가당착적인 사유의 결과에 지나지 않는다. 만약 현존재가 충분히 이성적이고 윤리적인 존재라면, 현존재는 언제나 공동 현존재와 조화롭게 공존할 것이다. 물론 이 경우 현존재를 몰아세울 권력은 생성될 이유가 없다. 반대로 만약 현존재가 비이성적이고 비윤리적인 존재라면, 그리고 이러한 전제가 셋째 대답의 전제인 현존재의 이중성에 대한 부정을 함축하고 있다면, 현존재는 언제나 이미 비이성적이고 비윤리적인 존재자로서 공동 현존재와 늘 맹목적으로 갈등하고 투쟁할 것이다. 다만 현존재와 공동 현존재가 전통 철학적 의미의 이성이나 윤리와 무관하게 철저하게 계산적으로 사유하며 조화로운 공존의 가능성을 모색해 나갈 가능성을 상정해 볼 수는 있을 것이다. 하지만 비이성적이고 비윤리적인 존재자들이 철저하게 계산적으로 사유하며 찾아낸 조화로운 공존의 가능성이란, 실은 맹

목적이고 피비린내 나는 투쟁의 발생이 유예된 양태에 지나지 않을 것이다.

왜 이러한 결론이 나올까? 왜 두 가지의 전제, 즉 현존재가 충분히 이성적이고 윤리적인 존재라는 전제와 반대로 현존재가 비이성적이고 비윤리적인 존재라는 전제가 모두 자가당착적인 사유의 결과에 지나지 않을까? 윤리와 규범의 근원적이고도 절대적인 전제가 바로 현존재의 이중적 가능성이기 때문이다. 순연하게 이성적이고 선한 존재는 윤리를 필요로 하지 않으며, 따라서 특정한 유형의 윤리적 존재가 되도록 자신을 몰아세울 권력 역시 필요로 하지 않는다. 이 경우 윤리와 권력은 아예 생겨나지도 않을 것이다. 반대로 순연하게 비이성적이고 비윤리적인 존재는 본래적으로 윤리와 무관한 존재자이며, 이 경우 윤리란 현존재와 공동 현존재 사이에 벌어질 맹목적인 투쟁의 가능성을 최대한 줄이려는 계산적 사유의 작용에 의해 생겨난 허명에 불과하다.

윤리와 규범이란 본래 현존재가 윤리적이고 규범적인 존재가 될 가능성과 비윤리적이고 비규범적인 존재가 될 가능성을 상정한 뒤, 최대한 윤리적이고 규범적인 존재가 되도록 현존재를 몰아세울 요량으로 마련되는 것이다. 따라서 만약 실제적으로 현존재가 이중의 가능성의 존재라고 전제하는 경우, 윤리란 결코 단순한 허명일 수 없다. 윤리의 요청 내지 요구에 응답할 가능성이 현존재에게 주어져 있기 때문이다. 그러나 이러한 경우에도 윤리는, 현존재가 순연하게 비이성적이고 비윤리적인 존재인 경우와 마찬가지로, 일종의 계산적 사유 내지 계산적 사유의 작용방식의 하나로 규정되어야 한다. 현존재가 윤리가 상정하는 특정한 종류의 사회체제에 상응하는 방식으로 존재하도록 비윤리적이 될 현존재의 가능성은 최대한 무화하고, 반대로 윤리적이 될 현존재의 가능성은 최대한 현실화하는 것이 윤리의 근본적인 추동 원리이자 목적이기 때문이다.

물론 지금의 자신과 다른 그 무엇이 되어 가도록 몰아세워지는 현존재와 공동 현존재 사이의 관계는 결함 없는 양태의 함께-있음으로 규정될 수 없다. 결함 없는 양태의 함께-있음이 도래할 어느 불특정한 시점의 미래에 현실화될 것으로서 상정되어 있다는 것이 그 하나의 이유이고, 결함 없는 양태의 함께-있음을 가능하게 하기 위해 권력에 의해 몰아세워져야 하는 현존재는 언제나 이미 공동 현존재와 결함 있는 양태의 함께-있음의 관계를 맺고 있는 존재자라는 것이 또 다른 하나의 이유이다.

다시 한번 강조하건대, 필자는 윤리와 규범을 긍정적인 것으로 평가하거나 반대로 부정적인 것으로 평가하려는 의도는 조금도 갖고 있지 않다. 필자가 원하는 것은 다만 윤리와 규범의 존재론적 의미를 수미일관한 논리에 의거해서 밝히는 것뿐이다.

윤리와 규범이란, 현존재의 이중의 가능성에 그 가능 근거를 두고 있는 것인 한에서, 현존재와 공동 현존재 사이의 관계가 결함 있는 양태에 의해 규정되어야 한다는 존재론적 진실의 드러남이기도 하고, 현존재와 공동 현존재 사이의 관계를 결함 있는 양태 속에 머무는 것으로서 부단히 재생산해내는 그 기제이기도 하다. 물론 특정한 유형의 규범과 윤리가 하나의 사회에서 잘 작동하고, 또 대다수의 구성원에 의해 큰 거부감 없이 받아들여지게 됨으로써, 강압적으로 현존재를 몰아세울 필요성 역시 최소화되는 결과가 생겨날 수도 있을 것이다. 그러나 이러한 가능성이 윤리와 규범의 몰아세움으로서의 본래적 성격을 무화하는 것은 아니다.

　테러, 전쟁, 폭동과 소요, 간헐적으로 일어나는 범죄 등등은 윤리와 규범이란 현존재를 특정한 유형의 인간이 되게끔 몰아세우는 권력의 기제 외에 다른 아무것도 아니라는 것을 생생하게 드러내는 사건들이다. 이러한 폭력적 사건들에 의해 현존재와 공동 현존재 사이의 평화로운 관계가 흔들릴 때마다 자기 사회의 지배적인 윤리를 —순수하게 자발적으로든, 아니면 훈육에 의해서든— 수용함으로써 강압적으로 현존재를 몰아세울 필요성이 최소화되도록 한 절대다수의 현존재는 이러한 폭력에 찬동한 모든 공동 현존재를 함께-있을 수 없는 존재자로서 낙인찍고 일상세계의 영역 밖으로 몰아내려, 혹은 절멸시키려, 애를 쓰게 된다. 물론 원한다면 현존재에게는 일상세계의 질서를 부당하게 무너뜨리려는 모든 경향에 맞서 단호하게 투쟁할 권리가 있다고 말해도 좋다. 그러나 각각의 사회는 자신의 나아갈 방향을 결정하고 또 주도해 나가는 정치적 이데올로기를 지니고 있기 마련이다. 또한 모든 종류의 정치적 이데올로기는 자신과 부합하는 특정한 종류의 윤리적 세계관을 그 가능 근거로 삼아 생성되는 것이다. 그런 점에서 모든 사회는, 그것을 지배하고 또 주도해 나가는 정치적 이데올로기가 자유주의이든 파시즘이든, 자본주의이든 사회주의이든 상관없이, 사회 안에서 공동 현존재와 결함 없는 양태의 함께-있음의 관계를 맺을 현존재를, 공동 현존재와 결함 있는 양태의 함께-있음의 관계를 맺을 자신의 가능성을 스스로 무화하려 애쓰는 현존재를, 끝없이 확대 재생산할 이유와 필연성을 안고 있는 셈이다. 평화롭고 안온한 때에는 하나의 사회 안에서 현존재가 특정한 유형의 윤리적 인간이 되도록 끝없이 몰아세워지고 있음이, 바로 그 때문에 현존재와 공동 현존재 사이에 맺어지는 함께-있음이 본래적으로 결함 있는 양태에 속한 것임이, 대개 은폐된 채 남아 있다. 언제나 이미 규범화된 일상세계에서 현존재와 공동 현존재 사이의 관계가 본래적으로 결함 있는 양태에 의해 규정되어야 한다는 존재론적 진실은 규범에 의해 마련된 일상세계의 안정성이 흔들릴 때 비로소 분명하게 드러난다. 하나의 사회가 겪는 모든 종류의 위기의 순간은 현존재와 공동 현존재 사이의 함께-

있음을 언제나 이미 결함 있는 양태의 함께-있음으로서 밝히 드러내는 순간이라는 뜻이다.

일상세계는 본래 존재론적 도살장이자 세계-무덤으로서 규정되어야 하는 장소이며, 그 근원적인 이유는 역설적이게도 바로 사랑과 환대의 정신이다

윤리란 본래 명령하는 것이고, 복종을 요구하는 것이며, 금지하는 것이다. 물론 그 방식은 입장에 따라 다를 수 있다. 엄격주의의 입장에서 보면, 윤리적 규범은, 그것이 보편타당한 것인 한에서, 이유 여하를 막론하고 무조건 엄수되어야 한다. 즉 윤리적 규범은 무조건적이고 절대적인 복종을 요구하는 일종의 명령이다. 반면 행복주의의 입장에서 보면, 윤리적 규범에 따를지 말지는 각각의 개인이 알아서 선택할 수 있다. 그러나 그렇다고 그것이 명령으로서의 성격을 지니지 않는 것은 아니다. 나는 분명 행복을 원하고 있고, 또 기어이 행복해져야 한다는 것이 행복주의적 윤리관의 전제이기 때문이다. 나는 윤리적 규범에, 그것이 행복의 보존 및 증진에 이바지하는 것인 한에서, 최대한 순응하지 않으면 안 된다. 비록 나를 벌할 타자가 존재하지 않는다고 하더라도 나는 행복한 삶을 실현하기 위해 규범을 반드시 지켜야 할 명령으로서 받아들여야 하는 것이다.

하이데거는 윤리의 문제를 명시적이고 구체적으로 주제화한 바 없으며, 그 가장 커다란 원인은 일상세계가 언제나이미 규범화된 세계라는 것에 주의를 기울이지 않았다는 점에 있다. 앞에서 언급한 것처럼, 하이데거는『존재와 시간』에서 일상세계를 죽음으로부터의 도피처와 같은 것으로 기술한다. 그러나 언제나 이미 규범화된 세계로서, 일상세계는 그자체로 잠재적·현실적 죽음의 가능성이 종종 실현되는 세계이다.

일상세계는 존재론적으로 일종의 도살장이기도 하고 무덤이기도 하다. 일상세계에서의 안온한 삶을 정당한 이유 없이 방해하는 공동 현존재는 마땅히 처벌받아야 하며, 필요한경우 생물학적이거나 사회적으로 죽임당해야 한다. 언제나이미 규범화된 세계로서의 일상세계가 죽음으로부터의 도피처와 같은 것으로 여겨질 수 있는 이유도 실은 일상세계가 존재론적 도살장이자 무덤이라는 점에 있다. 안온한 삶을 추구하는 사람으로서 나는 규범을 지킬 것이고, 규범을 지키지 않는 자를 비난할 것이며, 그러한 나에게 일상세계는 규범을 지키지 않는 자에 의해 해를 입을 가능성으로부터 벗어날 수 있도록 해 주는 하나의 도피처이다. 그러나 나는 규범을 지키지 않는 자에게서 증오와 분노를 느낄 때마다 내가 잠재적·현실적 도살자라는 것을 발견한다. 나는 일상세계가 안온한 세계여야 한다고, 일상세계의 안온한 세계로서의 성격을 무화하고 부정할 가능성을 지닌 자는 생물학적으로나 사회적으로 무력화되거나 죽임당해야 하는 자라고, 믿는 자이다. 일상세계란 실은 이러한 믿음의 공동체 외에 다른 아무것도 아니다. 언제나 이미 규범화되어 있는 세계로서, 일상세계는 잠재적·현실적 도살자들이 지배하는 곳이라는 뜻이다.

일상세계가 지니는 도살장 및 무덤으로서의 성격은 일상세계를 지배하는 윤리적 규범들이 자신의 적당한 행복만을 추구하는 개개인의 속물근성으로부터 비롯된 것이기 때문일까? 원한다면 그렇게 믿어도 좋다. 속물근성이라는 말을 존재론적으로 윤리의 근원적 근거로서의 성스러움의 부재를 암시하는 것으로 이해하는 경우, 일상세계가 성스러움의 창안에 입각한 일종의 도살장이자 무덤이라는 발상으로 통하는 사상은 적지 않다.

예컨대, 『토템과 터부』에서 지크문트 프로이트Sigmund Freud가 기독교의 기원에 관해 논한 것이 그 대표적인 사례이다. 프로이트에 따르면, 기독교의 기원은, 고대 사회에서 기독교와 경쟁하던 미트라교와 마찬가지로, 족장인 아버지의 폭압으로부터 벗어나려고 형제들이 친부 살해를 공모하고 결행한 것에 있다. 아버지를 죽인 형제들은 권력을 잡으려 서로 격렬하게 투쟁하게 되었다. 물론 끝없는 전쟁은 형제들의 마음속에 불안과 공포를 불러일으켰다. 친부의 부재로 인해 생겨난 불안과 공포에서 벗어나기 위해 형제들은 성스러운 영적 아버지로서의 신을 창조했다. 물론 신이 영적 아버지로서 창조되자 형제들이 저지른 친부 살해는 용서받기 힘든 죄가 되었다. 아버지를 죽인 죄의 대가는 마땅히 아들의 죽음이어야 한다. 그 때문에 형제들은 자신들이 저지른 죄의 속죄양으로 삼으려 아들인 그리스도 역시 고안하게 되었다. 프로이트는 미트라교의 제사에서 희생되는 소가 아버지를 죽인 아들의 상징이며, 그리스도 역시 아버지를 죽인 아들의 상징이라고 암시한다.[21]

르네 지라르René Girard 역시 『폭력과 성스러움』에서 모방욕망이 야기하는 욕망의 획일화와 극한 경쟁, 그리고 무한히 증폭하는 폭력적 에너지의 위험으로부터 벗어나기 위해 만들어진 희생양 제의가 문명의 근본 바탕이라는 주장을 펼치면서 프로이트의 관점을 보다 정교하고 체계적으로 이론화한다. 이러한 관점에 따르면, 성스러움이란 윤리의 근원적 근거로서 일상세계에서의 폭력과 획일화된 욕망을 단순히 금지하는 것으로 파악될 수 없다. 그것은 도리어 폭력적 에너지의 무분별한 발산이 초래할 공동체의 붕괴를 막음으로써 보다 항구적이고 지속적인 방식으로 폭력이 행사되도록 할 사회체계의 바탕이 된다.[22]

21　Freud(2000), 435 이하 참조.

하이데거의 존재론이나 그 방법론적 토대로서의 현상학은 물론 이러한 관점을 받아들이기 어렵다. 성스러움의 근거가 되는 —종교와 신학에서 보통 신이라는 명칭으로 통용되는— 어떤 근원적 존재의 실재성과 마찬가지로 그 순연한 허위성 역시 하나의 자명한 현사실로서 확정될 수 있는 것이 아니기 때문이다. 존재론적으로 우리가 물어야 할 것은 성스러움의 이념이 어떤 실체적 존재에 근거를 두고 있는 것인지의 여부가 아니다. 중요한 것은 성스러움의 이념이 필연적으로 폭력의 근거일 수밖에 없는지 확인하는 일이다. 결론부터 말하자면, 폭력의 근거로 작용할 가능성으로부터 자유로운 성스러움의 이념을 발견하기는 매우 어렵다. 통념적 관점에서 보면 폭력의 대척점에 있는 사랑과 우정, 환대의 정신조차 실은 은밀하고도 집요한 방식으로 작용하는 폭력의 가능 조건이기 때문이다.[23]

22 Girard(1972), 201 이하 및 265 이하 참조.

23 이 글의 존재론적 관점이 신/로고스에 대한 해체와 파괴를 정당화하는 것과 같은 것으로 오인되지 않기를 바란다. 사랑과 우정, 환대의 정신조차 은밀하고도 집요한 방식으로 작용하는 폭력의 가능 조건이라는 존재론적 진실은, 예컨대 데리다가 앙토냉 아르토(Antonin Artaud)의 잔혹극에 대한 해체주의적 해석에서 암시하는 것처럼, 로고스 중심주의에 맞서 친부로서의 로고스를 살해함을 통해 로고스보다 근원적인 성스러움을 일깨워야 한다는 식의 관점으로 이어지는 것이 아니다. "삶이란 항상 누군가의 죽음"이라는 아르토의 명제를 받아들이면서, 데리다는 "잔혹극은 성스러운 극"이며, "잔혹극이 성스러운 것을 다시 일깨우지 못한다면, 만약 '진리'에 대한 '신비로운' 경험과 삶이 맨 처음 탄생되던 모습으로 삶을 보여 주지 못한다면, 무의식에로의 회귀는 실패한다"고 지적한다. 데리다(1996), 514. 이러한 생각의 바탕

에는 삶이란 본래 어떤 이성적 질서의 제약도 거부하는 것으로서, 삶에 불리한 카오스로부터 삶을 보존하고 증진시키기 위해 질서를 세우면서, 동시에 삶을 제약하는 질서를 삶의 무한하고 무제약적인 힘을 되찾기 위해 해체하고 파괴하려는 것이라는 니체적 관점이 깔려 있다. 존재론적으로 주목할 문제는 성스러움을 되찾기 위해 —데리다가 오염된 성스러움으로서 제시하는— 신/로고스를 살해할 삶의 역능을 철학적으로 정당화하거나 심지어 형이상학적으로 실체화함이 가능한지의 문제가 아니라, 도리어 어떻게 언제나 이미 규범화된 일상세계가 삶의 역능을 이중의 방식으로 폭력적 에너지로 전환시키는가의 문제이다. 역설적이게도, 삶이 신/로고스를 살해할 역능의 관점에서 파악되는 것은 동시에 삶을 신/로고스의 관점에서 제약하고 억압할 그 근거를 마련하는 것과 같다. 아르토의 잔혹극에 대한 데리다의 해체주의적 해석은 본래 자가당착적이다. 그것은 삶을 억압하는 거짓 성스러움으로서의 신/로고스의 해체가 아니라, 도리어 무한한 복권을 가능하게 하는 그 조건을 기술할 뿐이다.

5장 | 사랑과 공감의 존재론
—에곤 실레의 회화와
무덤-세계로서의 일상세계

에곤 실레의 회화는 사랑과 환대의 정신이야말로 일상세계가 존재론적 무덤-세계로 부단히 전환되도록 하는 그 근거라는 존재론적 진실에 대한 표본적 예시이다

보론補論: 현존재란 근원적으로 즐거움을 감행해야 하는 존재자로서, 윤리 및 규범을 온전히 무화할 결의를 통해서만 본래적인 자기일 수 있다 —에곤 실레의 회화 세계와 샤를 보들레르의 시 세계 사이의 유사점과 차이

성스러움이란 일상세계를 지배하는 도살자들의 논리를 초극할 가능성일 뿐 아니라, 동시에 도살자들의 논리를 절대화하도록 할 가능성이기도 한 존재론적 역설의 이름이다

순연한 즐거움을 감행함은 각각의 현존재의 존재를 통해 개별화된 방식으로 서술되고 표현되는 존재의 근원적 전체성의 상반된 상징으로서의 신과 사탄을 향한 존재론적 분열의 운동을 전개함이다

에곤 실레의 회화는 사랑과 환대의 정신이야말로 일상세계가 존재론적 무덤-세계로 부단히 전환되도록 하는 그 근거라는 존재론적 진실에 대한 표본적 예시이다

1890년 오스트리아의 동북부 도시인 툴른Tulln에서 태어난 에곤 실레Egon Schiele의 생애와 작품들은 이러한 존재론적 진실을 적나라하게 드러내는 일종의 표본이라 할 만하다. 실레의 예술 세계에서 가장 두드러지는 주제는 에로스와 죽음 사이의 역동적 관계이다. 일정 정도 그것은 실레의 멘토이자 후원자였던 구스타프 클림트Gustav Klimt의 영향을 반영한다.[24] 클림트 역시 곧잘 에로스와 죽음 사이의 관계를 표현하는 그림을 그렸다. 두 예술가 모두 에로스적 삶을 향한 강렬한 동경을 지니고 있었고, 사랑하는 가족의 죽음으로 인해 크나큰 슬픔과 트라우마에 시달려야 했다. 이들이 에로스적 삶을 강렬히 동경하게 된 것은 사랑하는 자의 죽음이 야기한 슬픔과 트라우마를 극복하려는 소망과 의지의 표현이기도 했다.[25]

---

[24]   에곤 실레에 끼친 클림트의 영향에 관해서는 다음 참조. 슈타이너(2020), 20 이하; 박덕흠(2001), 106 이하.

구스타프 클림트, 〈키스(연인)〉, 1907-1908.

25 실레와 클림트의 예술에서 표현된 에로스와 예술 사이의 관계에 관한 상세
한 설명은 다음 참조. 한상연(2021a), 51 이하 및 89 이하.

구스타프 클림트, 〈사랑〉, 1895.

구스타프 클림트, 〈죽음과 삶〉, 1908-1915.

구스타프 클림트, 〈에밀리 플뢰게의 초상〉, 1902.

그러나 실레와 클림트의 예술에서 에로스와 죽음의 관계는 거의 극단적이라고 할 수 있을 정도로 상반되게 묘사된다. 클림트의 예술에서 에로스의 세계는 에로스의 힘으로 죽음의 불안과 공포마저도 이겨 낸 사람들이 자연스럽게 형성해 내는 화사하고 안온한 세계로 표현된다. 그것은 심지어 하이데거적 의미의 죽음의 도피처로서의 일상세계도 아니다. 그 세계에서 사람들은 참으로 행복하고, 열락에 잠겨 있으며, 심지어, 예컨대 바람둥이였던 클림트가 평생 거의 순수한 플라토닉 러브라고 할 만한 사랑의 대상으로 삼았던 에밀리 플뢰게 Emilie Flöge의 초상화에서처럼, 죽음의 어둠마저 밝은 삶의 세계에서는 이루어질 수 없는 영원한 사랑의 증표가 된다. 이와 달리 실레의 예술에서 에로스의 세계는 죽음의 세계와 거의 구분되지 않는다. 실레는 에로스적 세계마저 죽음의 불안과 두려움에 의해 잠식되어 있는 세계로 묘사한다.

아니, 아마 이런 식의 상투적인 표현은 실레가 예술적으로 그려 내는 에로스와 죽음 사이의 관계가 어디에 기원을 두고 있는지 이해하는 데 도움이 되기는커녕 방해가 될 것이다. '에로스적 세계마저'라는 문구의 보조사 '마저'는 특정한 성질을 지닌 원소들의 다수를 포함하는 어떤 집합 안에 마지막 원소 역시 포함됨을 알린다. '마저'에 의해 수식된 마지막 원소는 그 집합에 포함되지 않아야 할 것으로 기대되는 것이며, 그런 한에서, 비록 원소들 모두를 포함하는 집합에 응당 그 자신이 포함되어 있기는 하지만, 적어도 그 원소를 바라보는 정신의 관점에서 보면, 그래도 전체 집합에 포함될 이유나 근거를 가장 적게 가진 것이다. 그러나 실레의 예술에서 에로스의 세계는 죽음의 세계에 포함될 이유나 근거를 가장 적게 가진 것으로 드러나지 않는다. 실은 그 반대이다. 실레가 묘사하는 에로스의 세계는 그 자체가 이미 철저한 죽음의 세계이다. 그것은 죽음에 의해 언제나 이미 잠식된, 아마 살아 있는 시체들이라는 역설적이고 통속적인 표현이 적절할, 육체들의 세계, 죽음의 세계와, 그 안으로 돌이킬 수 없이 함입한 것으로서, 하나가 된 삶의 세계이다.

에곤 실레, 〈포옹(연인)〉, 1917.

에로스와 죽음 사이의 관계를 표현하는 데에서 클림트와 실레는 왜 그토록 상반된 경향을 띠게 되었을까? 그 가장 중요한 이유는 그들 각자의 에로스가 윤리적으로 금지된, 혹은 더 정확히 말해 하나의 사회 안에서 절대적 터부로서 확정된, 관계를 지향했느냐의 여부에 있다. 클림트의 에로스는 터부와 무관하다. 반면 실레의 에로스는 그 시작에서부터 절대적 터부로서 확정된 관계를 지향하고 있었다. 물론 절대적 터부로서 확정된 관계를 지향하는 에로스는 안온하고 평화로운 일상세계에 파괴적이다. 터부시되어야 할 에로스가 일상세계에 파괴적인 까닭은 일상세계의 질서가 터부에, 혹은, 터부의 근원적 근거로서 상정된 어떤 존재의 절대성과 성스러움에, 근거를 두고 있기 때문이다.

잘 알려져 있는 것처럼, 실레의 생애에서 가장 특이한 점은 그가 어릴 적부터 누이동생 게르트루트Gertrude에게 근친애적인 관심과 애착을 보였다는 것이다. 툴른의 역장이었던 아버지 역시 그 점을 알고 있었다. 어느 날 그는 아들이 방 안에 누이동생과 단둘이서 문을 잠근 채 머물고 있다는 사실을 알게 되었다. 그는 지체 없이 문을 박차고 안으로 들어갔다. 다행히 실레는 누이동생과 불미스러운 일을 저지르고 있지 않았다. 그들은 함께 필름을 현상하고 있었을 뿐이었다. 그러나 실레가 근친애적 성향을 지니고 있었다는 생각이 오해에 불과했던 것은 아니다. 실레의 아버지는 실레가 14세일 때 죽었다.

15세일 때 실레는 어느 날 어머니의 허락도 받지 않고 12세인 누이동생과 기차를 타고 인근 도시인 트리에스테^{Trieste}로 갔다. 그들은 부모가 신혼여행 때 투숙했던 호텔에서 하룻밤을 보냈다.[26]

실레의 아버지는 엄격하고 도덕적이기만 한 인물은 아니었던 듯하다. 그의 죽음의 원인은 그가 결혼 전인 열다섯 살 때부터 앓았던 매독이었다. 그의 아내는 남편을 별로 존중하지 않았다. 실레는 아버지가 죽었을 때 어머니가 보인 냉담한 태도에 큰 충격을 받았다. 죽기 전의 아버지는 매독이 악화하면서 정신착란에 시달리기까지 했다. 아버지에게 아무 애정도 보이지 않는 어머니의 모습은 아버지의 비참한 모습과 대조되어 더욱 차갑게 보였다. 실레는 평생 동안 어머니와 불화했다.

실레에게 아버지는 어떤 존재였을까? 여느 아버지처럼 실레를 아들로서 사랑하고 환대해 주는 존재였을 것이다. 자신과 누이동생의 관계를 의심하고 감시하기는 했어도 아무튼 실레는 남편에게 차가운 어머니에게 분노를 느낄 만큼은 아버지를 사랑했다. 그러나 아마 실은 바로 그 때문에, 아버지는 그에게 자신의 존재를 폭력적으로 부정하고 무화할 어떤 초월적 존재의 상징과도 같았을 것이다.

---

26   한상연(2021a), 96 이하 참조.

자신을 별로 사랑하지 않는 아버지가 자신을 무시하고 학대하는 경우, 아들은 아버지에게 반감을 지니기 마련이다. 물론 그 반감은 아버지를 향한 사랑과 존경의 정도가 약하면 약할수록 커진다. 그러나 자신을 아들로서 사랑하고 환대하는 아버지가 자신에게서 무언가 부정적인 것을 보고 엄격한 태도를 보인다고 판단되는 경우, 아들은 난감한 처지에 빠지게 된다. 자신을 부정하는 자는 분명 자신의 적이다. 그러나 자신을 환대하는 아버지는, 비록 그가 자신을 있는 그대로 온전히 긍정하는 것은 아니라고 할지라도, 자신을 긍정하는 자이거나 적어도 긍정하려 애쓰는 자이다. 그런 점에서 그는 적이 아니라 친구이고, 내 편이며, 내가 적으로 돌려서는 안 되는 자이다. 더욱이 일상세계가 터부시하는 성향을 지닌 실레에게 아버지는 자신을 진심으로 사랑하고 환대해 줄 수 있는 거의 유일한 존재로 여겨졌을 것이다. 아버지의 감시와 훼방은 터부와 어긋나는 실레의 에로스가 실현되지 못하도록 하기 위한 것이었고, 그런 점에서 그것은 터부를 무시하는 자에게 가혹한 심판과 처벌을 가할 세상으로부터 실레를 지키기 위한 것이기도 했다.

결국 실레에게 아버지는 자신의 존재를 부정하면서 동시에 환대하고 긍정해 주는 특별한 인간이었다. 바로 그렇기에 자신의 존재에 대한 아버지의 부정은, 그리고 그 부정의 근거로서 작용하는 윤리적 규범으로서의 터부는, 실레에게 절대적이고 초월적인 것이 되었다. 그것이 절대적인 것이 된 까닭은 그것이 자신을 환대하는 아버지의 음성이기도 했고, 아버지를 통해 전달되는 공동 현존재 전체로서의 세인의 음성이기도 했기 때문이다. 아버지도 세인도 자신이 대적할 수 있는 상대적 존재가 아닌 것이다. 그것이 초월적인 것이 된 까닭은 절대적인 것으로서 상황의 한계를 모르는 것이기 때문이다. 결국 실레 자신은 윤리적 규범으로서의 터부를 언제 어디서나 자신의 에로스를 부정하고 금기시하는 초월자의 음성으로서 받아들이게 된 셈이다. 자신을 환대하는 아버지는 그런 점에서 자신의 존재에 대한 절대적 긍정과 절대적 부정을 함께 수행하는 역설적 존재자이다. 조금 더 일반화시켜 말하자면, 모든 종류의 사랑은, 적어도 나를 사랑하는 자를 나 역시 사랑하고 존중하는 경우에서는, 윤리와 결합하는 순간 자신의 존재에 대한 절대적 긍정의 가능성과 절대적 부정의 가능성을 동시에 일깨운다. 사랑은, 사랑하는 자가 내게 부드러이 권면하거나 강압적으로 요구하는, 윤리적 규범을 절대적이고 초월적인 것으로 만들어 버리는 권력의 기제이기도 한 것이다.

자신의 존재를 환대하고 긍정해 주는 아버지의 사랑이 아름답고 좋게 느껴지면 느껴질수록 아들은 자신의 그 무엇인가를 부정하는 아버지의 존재를 무시하기 어렵게 된다. 설령 아버지가 부정하는 그것이 자신의 전부와도 같은 것이어도 말이다. 아들을 향한 아버지의 환대란 대체 어떤 의미를 지니는가? 아들의 삶과 존재를 그 자체로서 절대적으로 긍정하고 사랑함의 표현이다. 역설적이게도, 자신을 향한 아버지의 환대가 자신의 삶과 존재에 대한 절대적 긍정과 사랑의 표현이라는 바로 그 점이 아버지가 자신에게 내리는 윤리적 명령을 절대적이고 무조건적인 것으로 만든다. 자신을 환대하는 아버지는 내가 대립할 수 없는 존재자이며, 대립해서도 안 되는 존재자이고, 그렇기에 아버지가 절대적으로 금기시하는 것은 내가 무조건적으로 지켜야만 하는 절대적 명령으로서의 성격을 지닌다. 아버지가 절대적으로 금기시하는 것을 스스로 금기시할 수 있는 경우, 더 나아가 아버지에 의해 허용될 수 없는 것으로서 낙인이 찍힌 에로스적 열정을 스스로 싸늘하게 식힐 수 있는 경우, 나는 아버지를 통해 알게 된 절대적 윤리의 힘을 적은 정도로만 자신에게 위협적인 것으로 받아들이게 된다. 나는 윤리적으로 긍정할 만한 존재가 되기를 지향해 왔으며, 실제로도 그러한 존재가 되는 데 성공했기 때문이다. 그러나 덜 성공적인 경우, 그 덜함에 상응하는 만큼 강한 정도로, 아버지를 통해 알게 된 윤리는 내게 두려운 것이 된다. 심지어 실패하는 경우 나는 나를 환대하는 아버지를 통해 알게 된 윤리의 절대성이 매우 역설적이고 모순된 것임을 절실하게 자각하게 된다. 결국 윤리를 절대적으로 만든 것은, 나로 하여금 자신이 저항할 수도 없고 저항해서도 안 되는 것으로서 그 명령을 받아들이도록 한 것은, 바로 아버지의 환대이다. 나를 환대하지 않는 아버지, 심지어 나를 환대할 가능성과 역량을 조금도 지니지 않은 것으로 파악된 아버지의 윤리적 명령을 고분고분 받아들여야 할 이유가 대체 어디 있을까? 만약 이러한 아버지의 명령을 거역할 수 없는 것으로서 이해하게 된다면, 그것은 다만 내가 그 안에서 현존해 온 일상세계가 아버지가 명령을 내리며 암묵적으로 전제하는 규범의 체계에 의해 잠식되고 지배되는 세계이기 때문이다. 한 일상적 존재자로서 나 역시 아버지의 것과 똑같은 윤리성을 자신의 존재를 끝없이 부정하고 모멸할 역설적 가능성의 근거로서 지니게 된 것이다.

실레가 불화한 것은 어머니였으며, 그것은 그가 아버지를 자신을 환대하는 존재로 받아들였기 때문이다. 그러나 기이하게도, 존재론적으로 보면 실은 그 반대이다. 왜 실레에게 에로스의 세계는 철저한 죽음의 세계, 죽음에 의해 언제나 이미 잠식된 세계, 죽음의 세계와 그 안으로 돌이킬 수 없이 함입한 것으로서 하나가 된 삶의 세계였을까? 바로 자신을 환대하는 아버지 때문이다. 아버지의 환대가 아버지를 통해 알게 된 윤리의 명령을 절대적이고, 초월적이며, 신성한 것으로 만들었고, 그 때문에 그 명령에 따를 수 없는 자로서 자신을 의식하는 모든 순간은 자신이 마땅히 죽어야 할 자로서 여기 있다는 것을 스스로 인정하는 순간, 자신의 존재의 전부와도 같은 에로스가 자신이 마땅히 죽어야 할 자라는 것에 대한 명백한 증거로서 작용하는 것임을 스스로 발견하는 순간, 그렇기에 나를 환대하는 아버지야말로 내가 거부할 수 없는 자로서 나의 죽음을, 나의 죽임-당함을, 마땅하고 올바른 것으로 만드는 자라는 것을 자각하는 순간이었던 것이다.

결국 나를 환대하는 아버지는 존재론적으로 나와 불구대천의 원수이다. 나는 아버지의 사랑이 나와 아버지가 하나가 되도록 하는 것이 아니라 도리어 억누르는 자와 ―저항할 가능성을 박탈당한 채― 억눌리는 자로서 영원히 둘이 되도록 하는 것임을 안다. 나는 아버지와 대적할 수 없고, 심지어 온당하게는 원망조차 할 수 없다. 나를 환대하는 자인 아버지의 명령은 나로 하여금 이 세계에서 존재할 만한 자격과 가치를 지닌 자가 되도록 하기 위한 것임을 알기 때문이다. 그런 점에서 나를 환대하는 아버지는 일상세계가 내 존재론적 굴욕의 자리임을 부단히 고지하는 전령과도 같다. 나를 환대하는 아버지의 절대성과 초월성은 일상세계를 부단히 잠식하고 지배하는 규범의 절대성과 초월성이기도 하기 때문이다.

보론補論: 현존재란 근원적으로 즐거움을 감행해야 하는 존재자로서, 윤리 및 규범을 온전히 무화할 결의를 통해서만 본래적인 자기일 수 있다 —에곤 실레의 회화 세계와 샤를 보들레르의 시 세계 사이의 유사점과 차이

나를 환대하는 아버지가 존재론적으로 나와 불구대천의 원수가 되는 까닭은 무엇일까? 아버지의 환대가 언제나 이미 규범화된 일상세계의 근원적 가능 근거인 윤리의 절대성과 초월성의 드러남이기 때문이다. 환대란 일종의 '정감적 관계를 맺음'이다. 환대를 받는 자는 환대하는 자를 자신과 무관한 객체적 존재와도 같은 것으로 받아들이지 않는다. 환대를 기꺼이 받아들이는 자는 환대하는 자의 부드러움에 마음이 흔들린 자이고, 환대하는 자의 표정과 행위가 자신에게 끼쳐오는 영향을 긍정적으로 수용하는 자이다. 그러나 환대하는 자의 표정과 행위가 윤리의 절대성과 초월성의 고지인 한에서, 환대하는 자와 환대를 받는 자는 결코 온전히 하나가 될 수 없다. 존재론적으로 그들은 도리어 외적 대립의 관계 속에 있다. 만약 그들이 자신들이 외적 대립의 관계 속에 있음을 알지 못한다면, 그것은 환대를 받는 자가 철저하게 일상적인 자로서 환대하는 자의 표정과 행위를 통해 고지되는 윤리의 절대성과 초월성을 당연한 것으로 받아들이기 때문이다.

통념적으로 보면, 사랑과 환대의 정신은 일상세계를 지

배하는 윤리적 규범에 입각한 심판의 정신으로 환원되지 않는다. 사랑을 모르는 자라면 쉽게 비난할 행위도 사랑을 아는 자라면 용납할 수 있기 때문이다. 그러나 사랑으로 용납함이란 결코 비난할 이유가 없음을 공언함과 같지 않다. 실은 사랑으로 용납함이야말로 윤리적 규범을 어긴 자를 비난하고 처벌함을 마땅하고 올바른 것으로 만들어 주는 그 존재론적 근거이다. 서로 조금도 사랑하지 않는 자들, 서로 순연한 갈등과 투쟁의 관계를 맺고 있어 서로에게 강퍅한 마음만을 지니고 있는 자들은 서로에 대해 어떤 윤리적 의무감도 느끼지 않는다. 그들은 서로 호시탐탐 상대를 제압할 기회만을 노리고 있는 자들이며, 상대에게 제압당할까 두려움에 사로잡혀 있는 자들이다. 그러니 그들은 그저 제압하거나 제압당할 뿐, 윤리적 규범을 내세워 상대를 비난할 이유를 알지 못한다. 사랑과 환대의 정신은 일상세계를 지배하는 윤리적 규범에 입각한 심판의 정신의 가능 근거이며, 심판의 정신을 초월할 수 있는 것으로서 상정되고 받아들여짐으로써 도리어 심판의 정신을 정당화하고 절대화하는 방향으로 작용한다.

문학 작품 가운데 사랑과 환대의 정신이, 나를 사랑하고 또 환대하는 아버지가, 존재론적으로 나와 불구대천의 원수라는 것을 가장 잘 표현한 것은 아마 샤를 보들레르Charles Baudelaire의 시집 『악의 꽃』 서시序詩인 「독자에게」일 것이다. 이 시에서 보들레르는 '우리의 마음을 옭아매고, 우리의 몸을 갉

아먹는' 과오들에 관해 말한다. 그 과오는 '우둔함'일 수도 있고, 윤리적·종교적 의미의 '죄'일 수도 있으며, '탐욕'일 수도 있다. 그러나 보들레르가 가장 주목하는 것은 우리가 범하는 과오 자체가 아니라 도리어 우리의 회한이다. 시인에 따르면, '마치 거지가 자기 몸에 벼룩을 기르듯이, 우리는 망각하기 힘든 회한을 기른다.' 왜 우리의 회한은 우리가 자기 몸에 기르는 벼룩과 같은 것으로 규정될 수 있는가? '우리의 죄가 완고'하다는 것이 그 이유의 하나이고, '우리의 회한이 비겁하다'라는 것이 또 다른 이유이다. 첫 번째 이유와 두 번째 이유는 서로가 서로에게 조건이 되어 주는 일종의 순환관계에 있다. 우리의 회한이 비겁한 까닭은 우리의 죄가 완고해 과오를 저지르는 자신을 올바르게 되잡아 세우는 데 무기력하기 때문이다. 즉, 우리의 죄의 완고함이 우리의 회한을 비겁한 것으로 만드는 그 원인이자 조건이다. 그런데 다른 한편으로, 우리의 죄가 완고한 까닭은 우리의 회한이 자신을 올바르게 되잡아 세우도록 할 동기가 되는 데 충분하지 못할 만큼 약하고 비겁하기 때문이다. 그러니 우리의 회한의 비겁함이 우리의 죄를 완고한 것으로 만드는 그 원인이자 조건인 셈이다.

아마 보들레르의 생애와 실레의 생애를 모두 잘 알고 있는 독자라면, 보들레르의 시 세계와 실레의 회화 세계가 잘 통하리라는 생각을 하기 쉬울 것이다. 잘 알려진 것처럼, 실레는 어머니와 불화했다. 이 점에 관해서는 잠시 뒤 살펴보게 될 것이다. 보들레르 역시 어머니와 불화했다. 1821년 보들레르가 태어났을 때 그의 아버지는 62세였고, 후처인 어머니는 28세였다. 보들레르의 아버지는 1827년에, 즉 보들레르가 만 6세가 되었을 때 죽었다. 이듬해 그의 어머니는 자크 오픽이라는 이름의 대령과 결혼했다. 보들레르 연구자들은 종종 어머니의 재혼이 보들레르에게 극복하기 힘든 트라우마를 남겼다고 지적한다. 그 이유는 어머니를 향한 보들레르의 열렬한 사랑이었다. 어머니의 사랑을 독점할 수 없게 되자 보들레르는 그만 어머니를 향한 열렬한 사랑 때문에 도리어 어머니와 불화를 겪게 되는 역설적인 상황에 처하게 되었다. 물론 어머니와의 불화 같은 어떤 전기적傳記的 이유만으로 보들레르의 작품 세계와 실레의 작품 세계가 서로 통한다는 식으로 말할 수는 없다. 양자 사이에는 양자가 독자 및 감상자에게 전달하는 정서적·감각적 유사성이 존재한다. 퇴폐, 참혹, 비참, 비도덕 내지 반도덕, 불안, 우울 등 보들레르의 시를 읽을 때 마음속에서 곧잘 일어나는 정서적·감각적 느낌이 실레의 회화를 감상할 때도 마음속에서 일어나는 것이다.

결론부터 말하자면, 보들레르의 시 세계와 실레의 회화 세계가 서로 잘 통한다는 생각은 맞기도 하고, 틀리기도 하다. 만약 두 가지 예술의 세계가 '서로 잘 통한다'라는 주장의 근거를, 앞에서 암시한 것처럼, 독자 및 감상자에게 전달되는 정서적·감각적 유사성이나 창작자의 생애에서 발견되는 전기적 요소들의 유비 가능성으로 정하는 경우, 보들레르의 시 세계와 실레의 회화 세계는 꽤 잘 통한다고 볼 수 있다. 그러나 예술을 대하는 창작자의 태도, 예술 작품의 존재의미에 대한 창작자의 관점 등을 근거로 삼으면, 양자 사이에는 넘어설 수 없는 심연 역시 존재한다.

　우선 다음의 문제에 관해 생각해 보자. 보들레르가 말하는 '독자'의 범위는 어디까지인가? 보들레르에게 독자란 보들레르의 시집을 사서 읽고 시인의 정신세계에 공감을 표할 수 있는 특별한 소수를 가리키는 말인가? 그렇게 보기는 어려울 것 같다. 시 전체의 내용이 불특정한 다수의 운명에 관한 것이기 때문이다. 이 점은 제7연을 통해 확인할 수 있다. 시인에 따르면, '우리'의 온갖 악덕과 죄업, 회한에도 불구하고 '폭력[강간], 독, 단도, 큰불' 등이 '그 즐거운 그림들로 우리의 가련한 운명의 진부한 화폭을 아직 수놓지 않았다면, 그것은 우리의 영혼이, 아아, 충분히 대담하지 못하기 때문이다.' '독자'의 범위를 좁게 한정하면, 보들레르와 동시대를 살고 있는 '프랑스인들', '유럽인들' 등이 보들레르의 독자라고 보아야 할 것이다. 그러나 필자는 보들레르의 독자란, 시인의 의도와 무관하게, 범위를 한정할 수 없는 인간 일반을 가리키는 말이라고 본다.

　폭력[강간], 독, 단도, 큰불 등이 그 즐거운 그림들로 우리의 가련한 운명의 진부한 화폭을 아직 수놓지 않았다는 것은 대체 무엇을 뜻하는가? 가장 의미심장한 말은 '즐거운'이며, 원어인 프랑스어로는 복수형인 'plaisants'이다. 왜 폭력[강간], 독, 단도, 큰불 등 분명 현존재가 공동 현존재에게 행할 온갖 범죄행위의 대명사들이 '우리'에게 '즐거운 그림들'이 될 수 있는가? 윤리와 규범이 금하는 바로 그러한 것으로서, '우리'가 때로 할 수도 있고, 경우에 따라서는 기꺼이 하려고 하기도 하는, 그러한 행위들이기 때문이다. 그런 점에서 이 '즐거움'은 '우리의 회한의 비겁함'과 '우리의 죄의 완고함'이 언제나 이미 규범화된 일상세계에서 역시 언제나 이미 규범화된 정신으로 현존하는 현존재의 숙명적 존재방식을 가리키는 말이라고 해석할 수 있다. 앞에서 살펴본 것처럼, 윤리와 규범이란 결국 인간의 이중의 가능성, 즉 윤리와 규범이 요구하는 대로 공동 현존재와 결함 있는 양태로 함께-있음의 관계를 맺을 자신의 가능성을 스스로 무화해 나갈 가능성과, 반대로 공동 현존재와의 함께-있음의 본래적으로 결함 있는 양태의 결함을 악화할 자신의 가능성을 스스로 강화하고 확대할 가능성에 근거를 두고 있는 것이다. 중요한 것은 현존재와 공동 현존재 사이의 함께-있음의 관계가 본래적으로 결함 있는 양태의 함께-있음이라는 것이다. 왜 그러한가? 윤리와 규범이 금하는 바가 바로 현존재의 본래적 가능성 그 자체이기 때문이다.

여기서 '본래적'이라는 말은 두 가지 의미를 지닌다. 하나는 무화될 수 없음이다. 그것은 마치 죽음의 가능성과도 같다. 나는 아직 살아 있기에 죽음은 나에게 여전히 미래의 가능성이다. 그러나 이루어질 수도 있고 이루어지지 않을 수도 있는 통념적 의미의 가능성과 달리, 죽음의 가능성은 언제나 이미 내 곁에 임박해 있는 것으로서 결국 언젠가 이루어지고야 만다. 윤리와 규범이 금하는 바로서의 현존재의 존재의 본래적 가능성 역시 그러하다. 나는 아직 윤리와 규범이 금기시하는 말과 행동을 하지 않았고, 그런 점에서 나는 윤리적으로나 법적으로나 아직 범죄자가 아니다. 그러나, 분명 윤리와 규범의 금지하는 명령을 필요로 하는 존재자로서, 나에게는 규범이 금기시하는 말과 행동을 할 가능성이 결코 무화될 수 없는 것으로서 주어져 있다. 게다가, 비록 구체적인 말과 행동으로 이어진 것은 아니라고 할지라도, 나는 공동 현존재와 갈등을 겪을 때마다 규범이 금기시하는 말과 행동을 할 충동과 욕구가 다소간 내 안에서 일어나는 것을 느낀다. 만약 죄업의 사슬로부터 온전히 벗어나지 못함이 나의 정신을 비윤리적인 정신으로 규정하게 하는 것이라면, 나는 분명 여전히 비윤리적인 정신이고, 적어도 온전히 윤리적이지는 못한 정신이며, 그런 점에서 언제나 이미 죄업으로 인한 정신의 죽음을 살고 있는 역설적 존재자이다.

'본래적'의 또 다른 의미는 '즐거이, 혹은 기꺼이, 하려고 함'이다. 윤리와 규범이 금기시하는 말과 행동을 하는 경우 나에게 고통과 좌절감과 같은 부정적인 감각과 감정만이 찾아온다고 상정해 보자. 이 경우 나의 범죄적인 행위는 순연하게 자기파괴적인 행위이고, 그런 점에서 나는 결코 자발적으로 범죄적인 행위를 할 이유가 없는 존재자인 셈이다. 그런데 자발적으로 범죄적인 행위를 할 이유를 지니지 않은 존재자는 본래 윤리와 무관한 존재자이다. 윤리란 스스로, 자발적으로, 윤리가 권면하거나 요구하는 것을 행하지 않거나 반대로 윤리가 금기시하는 것을 행할 현존재의 가능성에 근거를 두고 있는 것이기 때문이다. 따라서 현존재에게 '즐거이' 범죄행위를 할 가능성이 본래적으로 주어져 있지 않은 경우, 윤리란 불필요한 것으로서 아예 생겨나지도 않았을 것이다. 물론 즐거이 범죄행위를 할 가능성이 전무한 존재자 역시 실수로 범죄행위를 하는 경우, 즉 비록 비윤리적인 행위의 결과로서 해석될 수는 없다고 하더라도 아무튼 타자에게 회복 불가능한 손해를 끼친 경우, 이미 구비되어 있는 형사법적 조항을 근거로 삼아 처벌을 받게 될 수도 있을 것이다. 그러나 이러한 처벌은 사회의 안녕을 위한 일종의 계산적 사유에 의거한 것일 뿐, 윤리적 양식과 양심에 의거한 것일 수는 없다.

결국 규범이란 현존재에게 자신의 생각과 말, 행위의 본래적 근거이자 이유로서의 즐거움을 금기시하는 명령이다. 물론 규범을 모든 종류의 즐거움을 금기시하는 명령으로 여길 필요는 없을 것이다. 규범을 억압적 권력의 기제로서보다 현존재와 공동 현존재 사이의 함께-있음의 관계를 최대한 바람직한 것으로 만들어 나가고자 하는 소망의 의지의 소산으로 보는 경우, 규범의 금지하는 명령은 현존재와 공동 현존재가 규범의 금지하는 명령이 없는 경우 받게 될 고통은 줄이고, 반대로 즐거움은 늘리는 방향으로 작용하는 셈이다. 즉, 규범의 금지하는 명령 덕분에 나는 작은 즐거움의 가능성을 포기하는 대신 큰 고통의 가능성을 줄이고, 더 나아가 공동 현존재와의 좋은 관계가 안겨 주는 지속적이고 은은한 기쁨을 누릴 수 있게 된다. 규범을 자신이 반드시 실현하고자 하는 어떤 이익과 상충하는 것으로 보는 자에게 규범의 금지하는 명령은 대체로 억압적인 것으로 받아들여진다. 하지만 규범을 자신과 타자 모두를 위해 반드시 필요한 것으로 여기고 자율적으로 규범을 지키려 애쓰는 자는 규범의 금지하는 명령조차 ―마치 자신을 아끼고 사랑하는 부모의 명령처럼― 자신을 위해 마련된 부드러운 사랑의 음성으로 여길 것이다. 물론 규범의 절대성 및 초월성에 관한 이전의 논의가 여기서도 통한다. 규범을 자신이 반드시 실현하고자 하는 이익과 상충하는 것으로 여기는 자에게 규범은 절대적이거나 초월적인 것으로서 받아들여지기 어렵다. 규범의 절대성과 초월성은 본래 자신을 사랑하고 환대하는 자의 음성을 그 가능 근거로서 지니는 것이기 때문이다.

규범은 분명, 심지어 극단적으로 폭력적인 이데올로기에

의해 마련된 규범조차, 순연하게 억압적이고 부정적인 것으로서 파악될 수 없는 것이다. 예컨대, 나치즘이 지배하던 독일의 규범은 유대인들을 비롯한 수없이 많은 부류의 인간들에 대해 분명 억압적이고 부정적이었다. 그러나 나치즘적 규범이 수없이 많은 부류의 인간들에 대해 억압적이고 부정적일 수 있었던 근본적인 이유는 그것을 자신을 위해 올바르고 좋은 것으로 받아들이는 독일인들의 수가 적지 않았기 때문이다. 물론 어떤 보편타당한 윤리적 이념에 입각한 논증에 의거해서 나치즘적 규범이 순연한 악의 소산이라는 식으로 주장해 볼 수도 있을 것이다. 그러나 모든 인간이 나쁜 것으로 여기고 배척하는 규범이란 도무지 있을 턱이 없고, 설령 있다손 쳐도 어떤 실제적인 효력도 지니지 못할 것이다. 독일의 패망과 더불어 나치즘적 규범을 올바르고 좋은 것으로 받아들였던 독일인들 역시 결국 비참해졌으니 나치즘적 규범은 본래 독일인들을 위해서도 나빴다는 식의 주장은 순진한 결과론에 지나지 않는다. 과거의 역사를 돌아보면, 수많은 인간들에게 폭력적이고 억압적으로 작용하는 윤리적 규범이 특정한 부류의 인간들에게 지속적으로 이익을 안겨 주며 수백 년을 존속하는 일은 결코 드물지 않았다.

아니, 바로 오늘날의 세계에서 당연한 것으로 통용되는 이런저런 윤리적 규범들 역시 누군가에게 이익을 안겨 주기 위해 누군가의 부당한 희생을 요구하는 자가당착으로부터 자유롭지 않다. 아마 이러한 종류의 자가당착으로부터 자유로울 수 있는 윤리적 규범 같은 것은 존재할 수 없을 것이다. 결국 하나의 윤리적 규범이 정당한 것으로 통용될 것인지의 여부를 결정하는 것은 특정한 사회의 구성요소로서의 인간들이다. 그런데 예나 지금이나 대다수의 인간들은 사익을 실현하려는 욕망으로부터 자유롭지 못하다. 즉, 하나의 윤리적 규범이 하나의 사회에서 정당한 것으로 통용될 것인지의 여부를 결정하는 것은 사익을 실현하려는 욕망으로부터 자유롭지 못한 대다수의 인간들이다. 결국 순연한 선이나 순연한 악 같은 것은 이념으로서만 존재할 수 있다. 바로 그러한 이유로 모든 종류의 규범은, 극단적으로 폭력적인 이데올로기에 의해 마련된 것이거나 반대로 매우 순수한 마음으로 정의와 화평을 추구하는 정신에 의해 마련된 것이거나 상관없이, 순연하게 나쁜 것일 수도, 순연하게 좋은 것일 수도 없는 것이다.

　윤리 및 규범의 이러한 본래적이고 근원적인 자가당착은 우리에게 무엇을 요구하는가? 두 가지 상반된 대답이 가능하다. 윤리 및 규범을 인간의 삶을 위해 반드시 필요한 것으로 여기고 소중히 여기는 사람이라면, 부당한 희생을 되도록 적게 요구하는 윤리적 규범에 의해 지배되는 사회를 만들기 위해 애를 써야 한다고 여길 것이다. 이 경우 윤리 및 규범의 자가당착은 우리에게 윤리 및 규범의 자가당착의 폐해를 줄이는 방향으로 생각하고 행위할 것을 요구한다는, 그리고 이러한 요구는 동시에, 언제나 지금의 윤리와 규범에 만족하지 말고 보다 고차원적인 윤리와 규범을 지향하라는 또 다른 윤리적 요구를 함축한다는 결론이 나오는 셈이다. 그러나 윤리 및 규범이 인간에게 본래 이롭기보다 도리어 해로운 것이라고 여기는 사람이라면, 혹은 일종의 필요악에 불과한 것이라고 여기는 사람이라면, 우리는 응당 최대한 윤리와 무관한, 그리고 그러한 의미로 비-윤리적인 존재가 되어야 한다고 생각할 것이다. 이 경우 윤리 및 규범의 자가당착은 우리에게 윤리 및 규범으로부터 최대한 자유로운 존재가 될 것을 요구한다는 결론이 나오는 셈이다.

실레와 보들레르는 어떤 유형의 인간인가? 실레의 생애와 작품 세계에서 그가 윤리 및 규범을 인간의 삶을 위해 반드시 필요한 것으로 여겼는지의 문제를 해명할 단초를 구체적으로 발견하기는 어렵다. 그러나, 적어도 실레가 정상적인 지력과 이해력을 지니고 있었다는 것을 전제로 하는 경우에는, 실레 역시 분명 윤리 및 규범의 필요성에 대해 자각하고 있었을 것이다. 이것은 그가 터부시되는 욕망을 지니고 있었다는 점으로부터 거의 자명하게 따라 나오는 결론이다. 실레와 같은 자는 자신의 욕망을 금기시하는 윤리와 규범으로 인해 부단히 불안과 두려움에 시달리게 된다. 대다수의 인간들이 자신의 욕망을 인정하지 않을 것임을, 그리고 그 때문에 자신의 욕망이 발각되는 경우 박해를 받고 비참해질 수밖에 없음을 알기 때문이다. 그러나 다른 한편으로, 자신에 대한 타인의 자의적인 심판과 처벌을 금지하는 것 역시 결국 윤리와 규범이다. 즉, 윤리와 규범은 실례처럼 세상이 금기시하는 욕망을 떨쳐 낼 수 없는 자에게 장차 도래할 고통과 죽음의 가능 근거일 뿐 아니라, 동시에, 역설적이게도, 장차 도래할 고통과 죽음을 불특정한 미래로 유예하거나 막아 줄 근거이기도 하다. 물론 고통과 죽음이 도래할 때는 정해져 있지 않다. 그것은 '이제 곧'일 수도 있고, '제법 먼 미래의 한때'일 수도 있으며, 심지어 사고사事故死, 병사病死, 자연사自然死 등 규범에 의거한 처벌과 무관한 죽음이 찾아올 때까지도 아예 도래하지 않을 무無-시간적 순간일 수도 있다. 그러나 바로 이러한 불특정성으로 인해 자신이 차마 떨쳐 내지 못하는 금지된 욕망이 초래할 고통과 죽음의 때는 언제나 이미 내 곁에 임박한 때이다. 결국 실례처럼 윤리 및 규범이 자신에게 고통과 죽음을 초래할 그 가능 근거이기도 하고 동시에 장차 도래할 고통과 죽음을 불특정한 미래로 유예하거나 막아 줄 근거이기도 한 인간은 매 순간 선택의 기로에 서는 셈이다. 그는 자신에게 고통과 죽음을 초래할 그 가능 근거로서의 윤리 및 규범의 무서움 앞에서 굴복할 수도 있고, 장차 도래할 고통과 죽음을 불특정한 미래로 유예하고 막아 줄 그 근거로서의 윤리 및 규범의 고마움에 감복해서 윤리 및 규범이 금기시하는 욕망으로부터 자유로운, 그리고 그러한 의미로 윤리적이고 규범적인, 인간이 될 선택을 할 수도 있다. 그러나 그는 윤리 및 규범을 총체적으로 거부하는 선택을 할 수도 있다. 윤리 및 규범이 금기시하는 자신의 욕망이 무구한 것이라고 여기는 경우, 혹은 자신에게, 설령 다른 사람들에게 크나큰 고통과 슬픔을 가져다준다고 하더라도, 할 수 있는 한 마음껏 자신의 욕망을 추구할 권리가 있다고 여기는 경우, 그는 윤리 및 규범이 자신을 위해 유리한지 불리한지 따지기에 앞서 자신은 본래 윤리 및 규범과 무관한, 즉 비-윤리적인, 존재자라고 여길 것이다. 물론 이러한 선택은 윤리 및 규범이란 본래 공허한 것으로서 아무 현실적 근거도 지니지 못한 것이라는 판단에 의거하는 것이다.

「독자에게」의 보들레르 역시 실레와 마찬가지의 선택을 해야만 했던 것으로 보인다. 적어도 「독자에게」의 시어 '우리' 안에 저자인 보들레르 역시 포함된다는 당연한 전제를 부정하지 않는 한에서는 그러하다.

왜 '우리는 마치 거지가 자기 몸에 벼룩을 기르듯이, 망각하기 힘든 회한을 기르는가?' 규범에 의해 죄로 규정된 행위를 즐거이 하는 우리가 부단히 벼룩처럼 자신을 괴롭히는 회한을 길러야 하는 까닭은 대체 무엇인가? 윤리와 규범이 자신의 삶이 보존되도록 허락하는 그 근원적 근거임을 알기 때문이다. 내가 죄를 저지르면서도, 범죄적 행위의 순간 망설임이나 양심의 가책은커녕 사악한 기쁨과 즐거움으로 얼굴이

달아오른 모습을 보이면서도, 함부로 나를 해칠 자가 별로 없으리라고 기대하는 것은 대다수의 사람들이 언제나 이미 규범에 의해 잠식된 정신으로 살고 있음을 알기 때문이다. 나와 함께 '우리'에 속하는 자들 대부분은 죄악이 안겨 주는 쾌락에 탐닉한다. 물론 쾌락을 얻고자 하는 욕망과 의지는 종종 걷잡을 수 없는 갈등과 투쟁의 원인이 된다. 그럼에도 나는 남들이 나를 함부로 죽일 것이라고 생각하지 않는다. 즐거이 죄를 짓는 우리 모두가 실은 언제나 이미 규범화된 정신으로 살고 있다는 것을, 파멸을 피하기 위해 자발적으로 규범의 지배를 받는 편을 선택하는 자들이라는 것을, 이미 알고 있기 때문이다. 우리가 '망각할 수 없는 회한을 기르는 것'은, 마치 자기 몸의 벼룩으로 인해 괴로움을 겪는 거지처럼 자신이 길러 낸 회한으로 인해 부단히 양심의 가책을 받게 되는 것은, 바로 규범이 금지하는 것을 즐거이 행하면서도 살기 위해 규범의 보호를 필요로 하는 우리 자신의 역설적이고 자가당착적인 상황 때문이다. 시인이 '우리의 회한은 비겁하다'라고 말하는 이유가 바로 이것이다. 우리의 눈물은 언제나 '가짜 눈물'이며, 이는 우리의 회한 자체가 진실한 회심의 표현이 아니라 우리 자신의 근원적이고 본래적인 비겁의 표현이기 때문이다.

　　하지만 '가짜 눈물'을 흘리는 자는 자신에게 '가짜 눈물'을 흘리도록 한 그 원인에 대한 모종의 저항심을 품기 마련이다. '가짜 눈물'을 흘리는 것 자체가 자신이 타의에 의해 굴욕적인 상황에 내몰렸다는 것을 뜻하기 때문이다. '가짜 눈물'을 흘리는 자는 분명 자신에게 고통과 죽음을 초래할 그 가능 근거로서의 윤리 및 규범의 무서움 앞에서 굴복한 자이다. 여기서 윤리 및 규범의 무서움이란 이중의 의미를 지니는 말이다. 하나는 자신을 처벌할 가능성의 무서움이다. 자신이 규범에 의거한 모종의 처벌을 받게 될지 모른다는 가능성 때문이 아니라면 윤리 및 규범이 자신에게 무서운 것일 까닭이 대체 무엇이겠는가? 또 다른 하나는 즐거이 죄를 저지르는 자신의 성향으로 인해 장차 자신에게 도래할 고통과 죽음을 불특정한 미래로 유예하고 막아 줄 그 힘의 무서움이다. 그것은 마치 자신을 위험한 세상에서 굳건하게 보호해 주는 자애로운 아버지가 자식에게 어떤 절대적인 권위와 힘의 소유자로서 두려움과 경외의 대상이 되는 것과 같다. 이러한 힘은 순연하게 물리적이거나 육체적인 성격의 힘이 아니라 환대와 사랑의 정신이 그 보호를 받는 자의 마음속에 필연적으로 불러일으키는 윤리적 초월성과 절대성의 힘이다. 환대와 사랑의 정신은 그 혜택을 입은 자의 마음에 모종의 감화와 감동을 끼치기 마련이고, 이러한 감화와 감동에 의거해 하나의 윤리가 초월적이고 절대적인 것으로서 긍정되면, 그렇게 마련된 윤리의 초월성과 절대성이 거부할 수 없는 무서운 힘으로서 작용하게 된다는 뜻이다. 그러나 '가짜 눈물'을 흘리는 자는 한편으로는 윤리의 초월성과 절대성을 거부할 수 없는 무서운 힘으로 받아들이면서도, 다른 한편으로는 부단히 그 힘에 저항하며 윤리가 이런저런 규범의 형태로 금지하는 것들을 추구하게 된다. 심약한 자가 흘리는 눈물은 참으로 회심하지 못했으면서도 흘리는 눈물이라는 뜻으로 '가짜'이다. 반면 보다 담대한 자가 흘리는 눈물은 자신이 결코 회심하지 못할 것이라는 것을 분명하게 자각하면서 흘리는 눈물이라는 뜻으로 '가짜'이다. 아니, 심약함이나 담대함 같은 용어들은 지나치게 작위적이고 상대적이다. 자기기만에 빠지지 않을 만큼 강한 정신을 지니지 못한 자는 지금의 자신이 참으로 회심하지 못했음을 알면서도 장차 자신이 회심하게 될지 모른다는 막연한 기대에 사로잡힌다. 반면 자기기만에 빠지지 않을 만큼 강한 정신을 지닌 자는 자신이 결코 회심하지 않을 것임을 언제나 이미 알고 있다. 윤리와 규범이 금하는 것을 즐거이 추구할 가능성이란 실존론적 상황 속의 현존재에게 본래적이고 근원적으로 주어져 있는 가능성임을 결코 부정할 수 없는 존재론적 진실로서 확실하게 파악하고 있기 때문이다.

실레의 정신은 자기기만에 빠지지 않을 만큼 강했는가, 아니면 그렇지 못했는가? 이러한 물음에 대한 정답 같은 것은 누구도 알 수 없다. 겉으로 보기에는 틀림없이 심약한 정신을 지닌 것처럼 보이는 자가 마음 깊은 곳에 무시무시한 저항심과 투쟁심을 감추고 있을 가능성이나 그 반대의 가능성,

즉 겉보기에 담대한 정신을 지닌 것처럼 보이는 자가 실은 최악의 자기기만에 빠져 있는 자일 가능성을 배제할 방법이 없기 때문이다. 그러나 실레의 생애에 대해 알려진 정보들과 실레의 작품 세계만 놓고 보면, 실레가 수미일관하게 자신을 규범이 금하는 것을 즐거이 행할 가능성의 소유자로 표현했다는 것은 부정하기 어렵다. 그 때문에 필자는 실레의 정신이, 적어도 자기기만에 빠지지 않을 만큼은, 강한 정신이었다고 본다.

　이것은 곧 실레의 정신이 보들레르의 정신과 근본적으로 같다는 뜻이기도 하다. 「독자에게」의 보들레르는 '우리'가 대개 자기기만에 빠져 '망각하기 어려운 회한을 기른다'는 것을, '우리의 회한이 비겁하다'는 것을, 이미 알고 있는 자이다. 제4연에서 보들레르는 '우리를 움직이는 실을 들고 있는 자는 악마이다'라고 말한다. '악마'란 누구인가? 자기기만의 정신에 의해 타자로서 실체화된 자기 자신일 뿐이다. 심약한 아이는 잘못을 저지른 뒤 스스로 책임을 지는 대신 자기를 유혹한 친구에게 탓이 있노라고 둘러대는 법이다. 자기기만의 정신은 자신이 지금 둘러대고 있다는 사실 자체도 자각하지 못하는 정신이다. 자기기만의 정신에게는 자신이 잘못을 저지르도록 자신을 유혹한 악마가 존재하며, 또 존재해야만 하고, 그 때문에 자신의 모든 잘못은 근본적으로 다 악마의 탓이다. 그러나 시인은 이미 '우리의 회한은 비겁하다'라고 말하지 않았는가? '우리의 회한이 비겁한' 까닭은 우리의 회한이 참된 회심에 의거한 것이 아니기 때문이다. 달리 말해, 「독자에게」의 보들레르는 '우리'가 '우리'를 마음대로 조종하는 악마라고 부르는 것이 실은 책임을 면하기 위해 타자로서 실체화한 자기 자신일 뿐임을 이미 알고 있다. 바로 이러한 의미로, 보들레르의 정신은 실레의 정신과 마찬가지로 자기기만에 빠지지 않을 만큼 강한 정신이었다.

그러나 자기기만에 빠지지 않을 만큼 강한 정신의 소유자로서 자신을 표현하는 방식에서 실레와 보들레르 사이에는 근본적인 차이가 있다. 한편으로 실레는 자신이 윤리와 규범이 금하는 것을 즐거이 할 가능성의 존재자라는 것을, 이러한 가능성이 자신에게 본래적이고 근원적으로 주어져 있다는 것을, 부단히 자신의 작품을 통해 표현한다. 그러나 실레는 기본적으로 감행하지 않는 자이다. 그의 정신은 자기기만에 빠지지 않을 만큼은 강하지만, 윤리와 규범이 금기시하는 욕망의 소유자로서 자신이 겪어야만 했던 굴욕에 대해 단호히 분노하고 저항할 만큼 강하지는 않았다.

왜 실레는 자신의 굴욕적 상황의 원인이자 이유인 윤리와 규범에 대해 능동적이지 못했는가? 그 이유는 아마 그의 정신이 윤리 및 규범과 인간의 존재론적 관계를 명확하게 이해하지 못했다는 점에 있을 것이다. 자신에게 굴욕을 안겨 준 것에 대한 분노는 크게 두 가지로 나뉠 수 있다. 하나는 힘의 관계에 대한 본능적이고 동물적인 충동과 이해로부터 발생하는 것으로서, 할 수만 있다면 자신에게 굴욕을 안겨 준 것을 파괴하고자 하는 욕망을 수반하는 분노이다. 또 다른 하나는 자신이 부당한 취급을 받고 있다는 각성과 이해로부터 발생하는 것으로서, 전자와 마찬가지로 할 수만 있다면 자신에게 굴욕을 안겨 준 것을 파괴하고자 하는 욕망을 수반한다. 자신에게 굴욕을 안겨 준 것이 윤리 및 규범으로 파악되는 경우, 그리고 굴욕을 당한 자가 윤리 및 규범의 보호를 필요로 하지 않을 만큼 독보적으로 강하지 못한 경우, 전자는 순연하게 자가당착적이고 자기파괴적인 분노에 지나지 않는다. 자신이 함부로 파괴되는 일이 생기지 않도록 막아 주는 것을 파괴하고자 하는 욕망을 수반하는 분노이기 때문이다. 후자는, 자신에게 행사된 폭력의 윤리적 부당성에 대한 각성에 의거해 발생하는 분노라는 바로 그러한 점에서, 그 자체가 하나의 윤리적 성격을 띤다. 그렇다면 자신에게 굴욕을 안겨 준 윤리 및 규범에 대해 정당하게 분노를 품으려면 자신에게 굴욕을 안겨 준 윤리 및 규범보다 고차원적인 윤리 및 규범에 대한 앎과 이해가 있어야 한다는 결론이 나오는 셈이다. 필자는 실레에게 이러한 의미의 앎과 이해가 없었거나, 설령 있었다고 하더라도 단호하고 수미일관한 생각과 행위로 이어질 만큼 확실하고 강한 것은 아니었다고 본다. 그리고 바로 이 지점에서 보들레르와 실레의 길은, 윤리 및 규범에 의해 굴욕을 겪게 된 정신으로 산다는 그들의 공통점에도 불구하고, 확실하게 갈라진다. 실레와 달리 보들레르는 감행하는 자이다. 보들레르로 하여금 자신에게 굴욕을 안겨 준 윤리 및 규범에 대해 자신이 품은 분노가 정당하다는 것을 알려 준 것은, 그리하여 그로 하여금 윤리 및 규범을 단호히 파괴하고자 하는 욕망을 품도록 한 것은 대체 무엇인가? 인간이란 본래적이고 근원적으로 윤리와 규범을 초월하는 존재자라는 일종의 존재론적 성찰이다.

 '윤리 및 규범을 단호히 파괴하고자 하는 욕망'을 기꺼이 사악해지고자 하는 욕망과 같은 것으로 오인하는 일이 없기를 바란다. 필자가 보들레르의 '욕망'에 대해 말하는 것은 보들레르의 정신이 쾌락을 향한 욕망에 구속되어 있었기 때문에 윤리 및 규범을 단호히 파괴하려 했다고 여기기 때문이 아니다. 실은 '자신의 정신이 쾌락을 향한 욕망에 구속되어 있다'라는 식의 표현 자체 안에 본래적으로 반反-보들레르적인 이해방식이 감추어져 있다. 쾌락을 향한 욕망을 본질적으로 부정적인 것으로 보고, 육화된 정신으로서의 자신에게서 부단히 생성되는 욕망의 힘을 윤리 및 규범이 금기시하는 죄악의 원인과 같은 것으로 파악함이 그러한 표현의 전제이기 때문이다.

 그러나 자신에게 즐겁고 기꺼운 것이 아닌 것을 추구할 이유가 대체 어디에 있을까? '우리의 비겁한 회한'은 기본적으로 우리가 추구하는 즐거움이 우리에게 크나큰 정신적·육체적 고통을 초래할 수 있음을 알고 있기 때문에 생겨나는 것으로서, 우리가 고통 앞에서 담대하고 초연한 정신으로 살지 못한다는 것에 대한 하나의 증거이다. 그렇다면 우리가 추구하는 즐거움이 우리에게 크나큰 정신적·육체적 고통을 초래할 가능성을 지니게 됨은 무슨 까닭인가? 형식적 논리에 입각해서 보면, 우리가 정신적·육체적 고통을 겪지 않게끔 지혜롭게 즐거움을 추구하지 못하기 때문이다. 적어도 즐거움을 긍정적인 것으로, 그리고 고통을 부정적인 것으로 보는 한에서는 그러하다. 부정적인 것으로서의 고통을 회피하지 못함은 결국 어리석음과 무능의 결과일 것이기 때문이다.

그러나 자전거를 타다 넘어질 때 자신이 겪게 될 고통을 예감하고 미리 두려워하는 아이는 자전거를 타는 즐거움을 배우지 못하는 법이다. 참으로 즐거운 삶은 기꺼이 감행하는 자에게만 허락된다. 즐거운 삶을 살기 위해 우리는 무엇을 감행해야 하는가? 물론 순수한 즐거움을, 기쁨을, 열락을, 쾌락을, 만족을, 만족을 모르는 도전정신 그 자체를 감행해야 한다. 그런 점에서 윤리 및 규범을 자신에게 굴욕을 안겨 주는 부당한 것으로서 받아들이는 자는 오직 즐거움을 감행하기 위해 윤리 및 규범을 거부하는 자, 무화하는 자, 파괴하는 자일 수밖에 없다. 간단히 말해, 윤리 및 규범을 단호히 파괴하고자 하는 보들레르적 욕망은 기본적으로 무구한 정신이고자

172

하는 욕망, 무구한 정신으로서 자신에게서 끝없이 솟아나는 욕망을 부정하지 않으려는 욕망, 스스로 윤리 및 규범의 한계를 초월함으로써 윤리 및 규범을 무화하고자 하는 욕망, 바로 이러한 무화를 통해 윤리 및 규범을 가장 근원적으로, 가장 급진적으로, 가장 완전하고 철저하게, 파괴하고자 하는 욕망이다.

　보들레르의 애독자에게 「독자에게」에서 가장 깊은 인상을 남기는 시어는 아마 '권태'일 것이다. '권태'가 그 어떤 악덕보다도 더욱 '추잡하고 악랄한' 것으로, '별로 난동을 부리거나 아우성치지도 않으면서 거뜬히 지구를 파괴하고, 단 한 번의 하품으로 지구를 집어삼킬 수 있을 만큼' 무시무시한 것으로, 묘사되어 있기 때문이다. 대체 '권태'가 그토록 무시무시한 악덕일 수 있는 까닭은 무엇인가? '우리' 모두가 부단히 즐거움을 감행하면서도 '비겁한 회한'에 잠겨야 할 만큼 지리멸렬한 존재자라는 —보들레르의 관점에서 보면 결코 부정할 수 없는— 존재론적 진실의 드러남이 바로 권태이기 때문이다. 권태란 본래 부단히 즐거움을 추구하는 정신만이 겪을 수 있는 고통이다. 즐거움을 추구하지 않는 정신은 권태에 시달릴 일도 없다는 뜻이다. 부단히 즐거움을 추구함은, 우리 자신의 근원적이고도 본래적인 존재방식의 하나로서, 단호히 즐거움을 감행하지 못하는 정신에게 그 무능력의 필연적인 소산으로서의 권태를 안겨 주는 법이다. 바로 이러한 점에서,

'권태'를 악덕 중의 악덕으로 묘사한 보들레르의 관점은 존재론적으로 탁월하다. 과연 시인이 말하는 대로, '비겁한 회한'에게 부단히 되잡혀 즐거움을 향한 자신의 감행을 스스로 망치는 '우리'의 세계는 권태에 의해 삼켜질 운명을 피할 수 없는 것이다.

『악의 꽃』은 원래 각각 독립적인 주제를 지닌 여섯 개의 부분으로 구성되어 있었으며, 그 첫 번째 부분은 「우울과 이상理想」이다. 「우울과 이상」의 첫 번째 시, 즉 서시인 「독자에게」바로 다음에 나오는 시는 「축도Bénédiction」이다. 「축도」의 제1연에서 보들레르는 '시인'을 '지고의 힘들의 명령으로 이 권태로운 세상에 태어난' 자로 묘사한다. 하지만 세상에서 '시인'은 매우 끔찍스러운 운명을 맞이하게 된다. 우선 '그를 낳은 어머니가' 자신의 자식인 '시인'을 보고는 '질겁하고 또 불경심으로 가득 차게 되어 신을 향해 불끈 쥔 주먹을 올리고' 그런 그녀를 '신은 불쌍히 여긴다.' 자신의 어머니마저 도저히 참을 수 없는 저주로 받아들이게 된 '시인'이란 대체 어떠한 존재인가? 한마디로, 즐거움을 감행하는 자이다. 제7연에서 '시인'은 '바람과 함께 놀고, 구름과 담소하는' 자, '십자가의 길을 노래하며 도취하는' 자, '숲속의 새처럼 즐거운' 자, '그의 순례의 길을 따르는 성령이' 즐거운 그를 보며 도리어 '눈물을 짓게' 되는 자로 묘사된다.

결국 '시인'은 순연하게 즐거움을 감행하는 자로서 자신

174

의 어머니를 비롯한 온 세상으로부터 경악과 한탄의 원인이자 그로 인한 저주의 대상이 되는 자, 그리고 바로 그 때문에 성령조차 그를 위해 애통해하는 자인 셈이다. 제7연에서 가장 중요한 부분은 '시인'을 자신이 걷게 될 '십자가의 길을 노래하며 도취하는 자'로 묘사하는 부분이다. 즉, 순연한 즐거움을 감행하는 자로서, '시인'은 결코 자신의 고통스러운 운명에 대해 무지하지 않다. '시인'이 즐거움을 추구함이 일종의 감행인 까닭은 그가 자신의 고통스러운 운명을 이미 예감하고 있기 때문이고, 그런 점에서 '시인'이 순연한 즐거움을 감행할 만큼 무구한 것은 그가 무지하기 때문이 아니라 고통스러운 운명에의 예감에 흔들리지 않을 만큼 담대하기 때문이다.

「축도」에서 보들레르가 말하는 '시인'이란 대체 누구인가? 일견 이러한 질문은 우스워 보인다. 시인인 보들레르가 자신의 시에서 말하는 '시인'이 보들레르 자신 외에 또 누구일 수 있을까? 그러나 문제는 그리 단순하지 않다. 보들레르는 「독자에게」에서 자신을 '비겁한 회한'에 부단히 되잡혀 즐거움을 향한 자신의 감행을 스스로 망치는 현존재 일반으로서의 '우리'에 귀속시켰기 때문이다. 성경의 한 구절(히브리서 11장 1~3절)을 차용하자면, '시인'이란 순연한 즐거움을 감행할 무구하고 대담한 인간 현존재의 도래를 향한 희망의 확실함이고, 자신이 미처 보지 못하는 것에 대한 불굴의 믿음을 상징한다. 언젠가 반드시 도래할 미래에 속한 것으로서 '시인'

175

은 물론 현존재 일반으로서의 '우리'에 귀속된 지금의 보들레르와 근원적으로 하나이다. 지금의 보들레르 자신이, 한편으로는 자신이 '비겁한 회한'에 부단히 되잡혀 즐거움을 향한 자신의 감행을 스스로 망치는 현존재 일반으로서의 '우리'에 귀속되어 있음을 알면서도, 동시에, 바로 그 때문에, 순연한 즐거움을 감행할 결의를 품게 되는 역설적인 존재자이기 때문이다.

성스러움이란 일상세계를 지배하는 도살자들의 논리를 초극할 가능성일 뿐 아니라, 동시에 도살자들의 논리를 절대화하도록 할 가능성이기도 한 존재론적 역설의 이름이다

사랑과 환대의 정신이 윤리와 맺는 악순환의 관계는 현존재에게 일종의 존재론적 숙명과도 같은 것일까? 이러한 물음에 대한 해명의 단초 역시 에곤 실레의 몇몇 작품 속에서 발견된다. 특히 실레가 1910년대에 그린 일련의 '죽은 어머니' 그림들은 사랑과 환대의 정신이 윤리와 맺는 악순환의 관계로부터 벗어날 수 있는 가능성을 드러내는 가장 탁월한 작품들이라 할 만하다.

실레가 제시하는 '죽은 어머니' 이미지는, 많은 연구자들이 그렇게 믿고 있는 것처럼, 그가 어머니로 인해 어릴 때부터 겪은 트라우마를 표현하는 것처럼 보이기 쉽다. 특히 실레가 아버지에게 차가웠던 어머니와 평생 불화했다는 전기적 이야기를 염두에 두고 보면, 실레가 왜 사랑이 많고 온화한 이미지가 아니라 죽음과 황량함, 견디기도 힘들고, 그로부터 벗어나 어디 도망갈 곳도 없는, 광막한 불안과 두려움의 이미지로 어머니를 묘사했는지 매우 분명해 보인다. 그러나 주목할 점은 실레에게 '죽은 어머니'가 자식을 감싸고 있는 어머니, 자식을 잉태하고 있는 어머니, 자식과 외적 대립의 관계가 아니라 근원적 하나 됨의 관계를 이루고 있는 어머니라는 것이다. 필경 실레 자신일 그 아이는 '죽은 어머니'의 얼굴을 마주 보지 않는다. 아이의 얼굴은 어머니의 얼굴과 같은 곳을 향해 있다. 그것은 실레의 회화에서 친근한 사랑으로 하나 됨을 암시한다. 실레의 '죽은 어머니' 이미지는 생모에 대해 실레가 품었던 반감을 표현하는 것이 아니라는 뜻이다.

에곤 실레는 1918년 스페인 독감에 걸려 죽기 전 〈가족〉이라는 제목의 그림을 그렸다. 실레가 자신에게 헌신적이었던 연인 발리 노이질Wally Neuzil 대신 중산층 출신의 에디트 하름스Edith Harms와 결혼한 것이 1915년이니, 〈가족〉은 실레 자신과 아내, 그리고 장차 태어날 아이가 함께 이루어 나갈 행복한 삶에의 기대를 드러내는 작품이라 할 만하다. 물론 그림속 여자의 모델이 아내가 아니라 노이질처럼 보이는 것을 보면, 〈가족〉은 현실세계에서의 가족이 아니라 실레가 꿈꾸었던

에곤 실레, 〈가족〉, 1918.

이상적인 가족의 이미지라고 볼 수도 있다. 특히 실레가 하름스와 결혼하기로 마음먹은 뒤에도 노이질과 다정한 관계를 계속 이어 가기를 기대했다는 점을 고려해 보면, 아마 〈가족〉은 자신과 사랑의 관계를 맺은 모든 자가 헤어짐 없이 하나가 되기를 갈망하는 실레의 성향을 드러내고 있으리라고 파악된다. 그림 속에서 남편과 아내의 얼굴과 몸은 같은 방향을 향하고 있다. 다만 남편이 거의 정면을 바라보고 있는 것에 반해 아내의 시선은 약간 왼쪽으로 치우쳐 있다. 어머니의 서혜부鼠蹊部(사타구니) 부근에 쭈그려 앉은 아이는 어머니보다 더욱 적극적이고 분명하게 왼쪽을 바라보고 있다. 아무튼 남편은 아내와, 어머니는 자식과, 마주 보고 있지 않다. 실레의 회화에서 서로 사랑하는 자들은, 격렬하게 포옹하며 서로 마주 보게 할 만한 공간적 거리를 아예 없애 버린 경우를 제외하고, 상대와 반대 방향으로 몸을 두지 않는다.[27]

그렇다면 실레의 '죽은 어머니'가 어머니에 대한 실레의 반감을 드러내는 것이라는 해석은 온당치 못한 것이 아닐까? 오히려 물어야 할 것은 자식을 감싸고 있는 어머니, 자식과 외적 대립의 관계를 맺지 않는 어머니, 사랑 안에서 순연한 하나 됨의 관계를 이루고 있고, 또 이루어야만 하는 그러한 어머니가 왜 죽음의 상징처럼 묘사되어야 했는지가 아닐

---

[27] 한상연(2021a), 119 이하 참조.

까? 이러한 물음을 풀 열쇠는 실레의 회화에서 '죽은 어머니' 가 성스러운 어머니, 즉 마돈나의 상징이기도 하다는 것에 있다. 어머니는 실레에게 죽음의 상징이자 동시에 존재의 근원적 성스러움의 상징이기도 했다는 뜻이다.

에곤 실레의 1908년 작품 〈어머니와 아이〉(혹은 〈마돈나와 아이〉)는 어머니의 품에 안긴 아이의 몸이 어머니의 몸과 같은 방향을 향해 있고, 또 같은 곳을 바라보고 있는 모습을 묘사하고 있다. 아이의 표정에는 아무 불안과 두려움의 기색도 없다. 아이의 두 눈은 아이가 확실하게 깨어 있는 정신으로 그림 속에 나타나지 않는 그 무엇을 물끄러미 쳐다보고 있다는 것을 알린다. 아이를 보호하려는 듯 두 팔로 아이를 감싸고 있는 어머니의 눈빛에는 다소간 경계의 빛이 어려 있다. 어머니와 아이는 서로 사랑 안에서 순연하게 하나가 된 상태에서 그들과 외적 대립의 관계를 맺고 있는 그 무엇을 함께 바라보고 있다.

〈어머니와 아이〉는 실레가 1910년대에 그린 '죽은 어머니' 연작의 전조와도 같은 작품이라 할 것이다. 그러나 실레에게 어머니가 죽음의 상징이기도 하고 존재의 근원적 성스러움이기도 하다는 것을 분명하게 드러내는 작품은 실레가 1915년부터 그리기 시작한 〈어머니와 두 아이들〉이라는 제목의 작품들이다. 오른팔에는 아들을, 왼팔에는 딸을 들고 있는 어머니의 자세는 미켈란젤로 부오나로티 Michelangelo Buonarroti가

에곤 실레, 〈어머니와 아이〉(혹은 〈마돈나와 아이〉), 1908.

15세기의 끝 무렵에 제작한 〈피에타〉(1498~1499) 조각상의 성모 마리아의 자세와 거의 같다. 연민, 동정심, 자비 등을 뜻하는 이탈리아어 피에타Pietà는 죽은 그리스도를 안고 있는 성모 마리아의 마음이 불안이나 공포와 무관한 상태에 있음을 드러낸다. 사랑하는 아들 그리스도는 인류의 죄를 대속하기 위해 분명 죽어야 했고, 이미 죽었으며, 따라서, 설령 성모의 마음 한구석에 자식의 행복한 삶을 향한 염원이 있었다고 할지라도, 자식의 도래할 미래를 위해 마음 쓰고 불안해할 이유는 이미 사라져 버렸다. 그러나 실레가 성모 마리아로 묘사한 어머니의 두 아이는 아직 살아 있다. 게다가 그 두 아이는, 아들과 그 누이동생인 딸은, 대체 어떤 존재인가? 아들은 분명 세상으로부터 박해받을 잠재적·현실적 가능성을 예감하며 끝없이 불안과 두려움에 시달려야 할 운명을 떠안고 있다. 그러나 그것은 아들이 인류의 죄를 대속할 거룩한 성자여서가 아니라 언제나 이미 규범화되어 있는 일상세계에서 가장 성스럽고 절대적인 것으로 통하는 금지의 계율과 어긋나는 존재이기 때문이다.

성모 마리아를 포함해 하나님 신앙에 참으로 귀의한 자에게 성자 그리스도가 죽임당한 것은 세상이 그리스도에게 안겨 준 수난과 모욕을 무한히 능가하는 놀라운 영광과 은혜의 사건이다. 그러나 실레의 성모에게는 오직 수난과 모욕이 기다리고 있을 뿐이다. 실레의 성모에게 수난과 모욕을 안겨

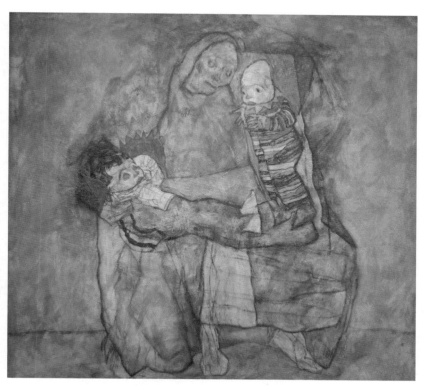

에곤 실레, 〈어머니와 두 아이들〉, 1915.

주는 자는 누구인가? 물론 무엇보다도 우선 아들이다. 그러나 아들과 사랑 안에서 순연하게 하나가 된 어머니가 아들보다 자신을 위해 더 마음 쓸 리는 없다. 실레의 성모가 감당해야 하는 수난과 모욕은 자신의 것이기도 하지만 무엇보다도 우선 아들의 것이다. 아니, 이런 식의 설명은 실레의 성모가 감당해야 하는 수난과 모욕의 진실을 밝히 드러내기는커녕 도리어 어둡게 감춘다. 감당해야 하는 것이 수난과 모욕뿐이라면 세상과 맞서 싸우면 그뿐이다. 그러나 실레의 성모가 진정으로 감당해 내야 하는 것은, 아마 실레 자신이 그러한 진실을 절실하게 자각하고 있었을 터인데, 아들이 수난과 모욕을 당해 마땅한 자라는 진실이다. 자신의 욕망의 충족을 위해, 사적으로나 누릴 성적 열락을 위해, 공존을 위한 질서를 그 토대에서부터 무너뜨리려 하는 자를 옹호할 수 있는 윤리적 가치관 같은 것은 있을 턱이 없다. 자신에게 헌신적이었던 노이질을 배신하면서도 노이질과 친근한 연인으로 계속 남기를 원했던 실레의 마음이, 설령 실레가 사악한 이기심 때문이 아니라 백치와도 같은 순수함과 어리석음 때문에 그런 마음을 지니게 되었다손 쳐도, 용납될 수 있는 세계란 철없는 예술가의 몽상 속에서나 존재할 뿐이다. 마찬가지로 공존을 위한 질서를 그 토대에서부터 무너뜨리는 자는, 설령 그가 아이처럼 무구한 마음으로 욕망의 충족을 추구할 뿐이라고 하더라도, 응당 배척되어야 하고, 처벌받아야 한다. 사람들은 분명 더불어 살아야 하고, 더불어 살기 위해 질서를 필요로 하며, 질서의 바탕에는 반드시 그 근거로서 터부가 자리하고 있기 때문이다.

그러나 실레를 향한 이 모든 심판의 사념은 존재론적으로 공존의 가능성을 무화할 위험이 있는 자를 기꺼이 제거하고자 하는 도살자들의 논리에 근거해 있다. 물론 누구도 도살자들의 논리가 잘못이라고 말할 권리는 지니지 못한다. 공존의 가능성이 무화되는 경우 발생할 희생과 고통은 도살당해 마땅한 자를 도살함이 야기할 희생과 고통과 비교할 수 없이 클 것이기 때문이다. 다수를 살리기 위해 하나를 희생시켜야 한다는 식의 생각은 분명 폭력적이고, 온전한 의미의 정의와 어긋난다. 그러나 사람 사는 세상에 온전한 의미의 정의가 어찌 있을 수 있겠는가. 다수를 살리기 위해 하나를 희생시켜야 한다는 생각이 온전한 의미의 정의에 어긋난다는 것으로부터 하나를 위해, 심지어 이 하나가 다수의 공존을 비윤리적 행동으로 위협하는 경우에도, 다수를 희생시켜야 한다는 어불성설이 따라 나오는 것은 아니다.

세상이 떠안고 있는 이러한 진실, 인간이 추구하는 정의란 실은 도살자들의 논리에 바탕을 두고 있는 것이면서도 동시에 부당한 것으로서 폐기될 수도 없는 것이라는 진실은 실레의 성모 역시 뼈저리게 자각하고 있었던 것으로 파악된다. 다만 그 자각이 표현되는 방식은 작품에 따라 다르다. 1915년에 그려진 〈어머니와 두 아이들〉의 성모는, 분명 살아 있으되 해골에 거죽을 씌워 놓은 시체 같은 몰골로, 그저 참담하고 망연자실할 뿐이다. 왜 실레의 성모는 참담하고 망연자실할 뿐인가? 일상세계를 지배하는 도살자들의 논리에 자신과 아들이 저항할 수도 없고, 저항해서도 안 된다는 것을 알기 때문이다.[28] 그런데 1917년에 그려진 〈어머니와 두 아이들〉의 성모의 표정은 참담해 보이지도 망연자실해 보이지도 않는다. 1915년의 성모와 달리 1917년의 성모는 두 눈을 동그랗게 뜨고 있지만, 큰 두려움이나 불안의 기색 같은 것은 얼굴에 어려 있지 않다. 성모의 표정은 체념한 채 몽상에 잠겨 있는 듯한 표정이다. 1915년의 아들은 성모와 마찬가지로 참담하고 망연자실할 뿐이다. 그러나 1917년의 아들은 약간의 두려움과 호기심이 뒤섞인 듯한 눈빛으로 어머니의 얼굴을 빤히 쳐다보고 있다. 성모는 아들의 눈빛을 마주 보고 있지 않다. 성모의 시선은 자신을 바라보는 아들의 시선을 비스듬히 비껴가며 아래를 향한다. 그 시선은 그 어떤 존재도 마주 보지 않으려는 시선이다. 성모는 자신이 지금까지 겪어 왔고 또 장차 겪어야만 하는 모든 굴욕과 고통의 직접적인 원인인 아들과 외적 대립의 관계를 맺지 않을 뿐 아니라, 일상세계에서 잠재적·현실적 도살자로서 실존하는 공동 현존재와도 외

---

28   한상연(2021a), 99 이하 참조.

에곤 실레, 〈어머니와 두 아이들〉, 1917.

적 대립의 관계를 맺지 않는다. 성모에게는 모든 것이 굴욕의 원인이다. 아들도, 세상도, 세상을 지배하는 도살자들의 논리의 절대적이고 초월적인 근거가 되어 주는 남편도, 서로 온전히 하나가 되지 못한 것들로서, 제각각 성모가 겪어 왔고 또 장차 겪어야만 하는 고통의 가해자가 된다. 그러나 성모는 자신에게 굴욕과 고통의 원인이 되는 모든 것과 외적 대립의 관계를 맺을 수 없다. 말하자면 실레의 성모는 자신에게 굴욕과 고통의 원인이 되는 자를 자신의 근원적이고 숙명적인 존재 이유로 삼아야 할 역설적인 존재자이다. 실레의 성모는 자신에게 굴욕과 고통의 원인이 되는 자를 위해 산다. 그 까닭은 성모란 그 존재 안에서 서로 외적 대립의 관계를 맺고 있는 모든 것이 기어이 하나가 되어야만 하는 특별한 존재자이기 때문이다.

어쩌면 실레가 그려 낸 성모로서의 어머니는 실레의 친모와 아무 상관도 없을지 모른다. 다만 실레처럼 일상세계의 근원적 근거로서의 윤리적 초월성과 절대성을 그 자신의 존재의 온전한 긍정의 가능성과 온전한 부정의 가능성의 역설적 통일로서 느낄 수밖에 없는 자만이 몽상적 이미지처럼 떠올릴 수 있는 궁극의 성스러움의 이미지에 지나지 않을지도.

우리는 이 궁극의 성스러움의 이미지, 아마도 실레가 일상세계에서 희생양으로서 도살될 잠재적·현실적 위협으로부터 벗어날 유일무이한 구원의 가능성으로서 창조해 내었을,

성모의 이미지를 긍정해야만 하는가? 그럴 수도 있고, 그렇지 않을 수도 있다. 실레의 성모는 일상세계에서 자신의 비윤리성으로 인해 곤경에 처한 자를 위해 창조된 것이고, 바로 그러한 것으로서 일상세계를 지배하는 심판의 논리를, 그것과 대립하지 않고 오히려 포용하면서, 무한의 이념을 향해 넘어서도록 하는 참되고 거룩한 사랑의 정신의 표본일 수 있다. 그러나 아버지의 환대가 아버지를 통해 아들에게 전해지는 윤리를 초월적이고 절대적인 것으로 만들었듯이, 성모의 거룩한 사랑 역시 윤리를 초월적이고 절대적인 것으로 만들 수 있다. 모든 윤리는, 심지어 원수조차 미워하지 말고 자신보다 더욱 사랑하라는 그러한 윤리조차, 일상세계에서는 엄혹한 심판의 정신의 가능 근거로 작용하기 마련이다. 윤리의 바탕에 깔린 사랑과 환대의 정신이야말로, 그 성스러움이야말로, 실은 심판의 정신이 정당한 것으로 여기는 윤리를 절대적이고 초월적인 것으로 만드는 그 근거이기 때문이다. 물론 심판이란 결국 처벌을 위한 것이다. 누가 알겠는가. 어쩌면 무한한 사랑의 이념이야말로 규범을 어긴 자가 마땅히 감당해야 할 벌로서 영원한 지옥의 형벌을 정당화하는 은밀하고도 달콤한 복수에의 의지의 어머니인지도 모른다.

189

순연한 즐거움을 감행함은 각각의 현존재의 존재를 통해 개별화된 방식으로 서술되고 표현되는 존재의 근원적 전체성의 상반된 상징으로서의 신과 사탄을 향한 존재론적 분열의 운동을 전개함이다

우리는 앞에서 실레와 보들레르가 자기기만에 빠지지 않을 만큼 강한 정신의 소유자라는 공통점을 지니지만, 그러한 존재자로서의 자신을 표현하는 방식에서 큰 차이를 보인다는 것을 살펴본 바 있다. 여기서 '강함'이란 흔히 불굴의 의지 같은 말로 표현되는 통념적인 의미의 강함과 같은 것으로 오인되어서는 안 된다. 그것은 다만 언제나 이미 규범화된 일상세계에서 역시 언제나 이미 규범화된 공동 현존재와 함께-있음의 관계를 맺고 있는 실존론적 상황 속에서 자신이 윤리와 규범이 금하는 것을 즐거이 할 가능성의 존재자라는, 그리고 이러한 가능성이 자신에게 본래적이고도 근원적으로 주어져 있다는 존재론적 진실을 끝내 외면하지 않음이라는 의미의 강함일 뿐이다. 존재론적 관점에서 보면, 불굴의 의지를 지닌 자가 실은 약한 자일 수 있고, 반대로 의지가 박약하고 게을러 보이는 자가 도리어 강한 자일 수 있다.

물론 불굴의 의지를 지닌 자가 반드시 존재론적으로는 약한 자라는 식의 생각은 온당할 수 없다. 존재론적으로 가장 강한 자는 불굴의 의지를 지니고서 즐거움을 감행하는 자이

다. 즐거움을 감행할 만큼 강한 자가 —언뜻 즐거운 정신과는 무관해 보이는— 불굴의 의지를 통해 자신의 강함을 더욱 온전하게 할 수 있는 까닭은 무엇인가? 불굴의 의지란 본래 진지하고 심각한 정신에 속한 것으로서, 즐거움의 감행과는 무관한 것이 아닐까? 이러한 물음에 대한 해답은 이미 '즐거움의 감행'이라는 표현 속에 담겨 있다. 도구적 의미연관이 지배하는 일상세계는 현존재를 도구적 존재자가 되도록 몰아세우는 세계이고, 이러한 경향이 —근현대의 세계에서처럼— 극단적인 형태의 계산적 사유와 결합하는 경우, 즐거움을 추구함 자체가 용서받지 못할 하나의 악덕으로 취급되기 쉽다. 그러니 이러한 상황 속에서는 순연한 즐거움을 추구함이 현존재의 자연스러운 성향과 같은 것이기 어렵다. 즐거움이 금기시된 세계에서 현존재는 즐거움을 추구하기 위해 용기를 지녀야 하며, 즐거움을 금기시하는 경향이 강하면 강할수록 현존재의 용기 역시 강해져야 한다. 그러니 즐거움이 그 극단에 이르기까지 금지된 세계에서는 오직 불굴의 의지를 지닌 자만이 즐거움을 감행할 수 있다는 결론이 나오는 셈이다.

그렇다면 불굴의 의지를 지닌 자가 존재론적으로 실은 약한 자일 수 있는 까닭은 무엇인가? 불굴의 의지가 자신이 즐거움을 감행해야 하는 존재자라는 존재론적 진실에 대한 망각의 경향 속에서 형성될 때가 있다는 것이 바로 그 이유이다. 물론 즐거움을 추구하는 성향이 현존재에게서 무화되는

191

일은 있을 수 없다. 윤리 및 규범에 의해 강제되지 않으면서도 현존재가 즐거움을 추구하지 않을 가능성이란 도무지 있을 턱이 없기 때문이다. 즐거움은 왜 즐거움이고, 고통과 권태는 왜 고통과 권태인가? 즐거움은 우리가 기꺼이 추구하는 것이기 때문에 즐거움이다. 우리가 기꺼이 추구하지 않을 것으로서의 즐거움으로 규정될 수 있는 종류의 즐거움이 대체 어떻게 있을 수 있겠는가? 고통과 권태는 우리가 기꺼이 추구하는 것이 아니기 때문에, 그러기는커녕 할 수만 있다면 겪지 않으려 하는 것이기 때문에, 고통과 권태이다. 즐거움이나 기쁨, 쾌락 같은 것을 그 결과로서 산출할 가능성을 지니지 못한 것으로서의 순연한 고통과 권태를 추구할 이유가 대체 어떻게 있을 수 있겠는가?

결국 현존재란 본래적으로 즐거움을 추구하는 존재자라는 존재론적 진실은 현존재란 본래적으로 고통과 권태로부터 벗어나기를 지향하는 존재자라는 또 다른 존재론적 진실과 동전의 양면과도 같은 관계를 맺고 있는 셈이다. 바로 이러한 이유로, 불굴의 의지가 자신이 즐거움을 감행해야 하는 존재자라는 존재론적 진실에 대한 망각의 경향 속에서 형성될 때, 즐거움을 추구하는 현존재의 성향은 흉하게 이지러지게 된다. 실은 『악의 꽃』의 서시 「독자에게」가 말하는 '우리'의 본질이 바로 이것이다. '우리'가 부단히 '비겁한 회한'에 사로잡히는 것은, '우리'가 그 '비겁한 회한'의 순간에 기꺼이 '가짜

192

눈물'을 흘리는 것은, 그러다가도 곧잘 다시 '우쭐거리며 [흉하게 이지러진 즐거움과 쾌락의] 진창길로 되돌아가는' 것은, '우리'가 순연한 즐거움을 추구할 가능성을 이미 잃어버렸기 때문이다.

윤리 및 규범의 절대적이고 초월적인 근거로서의 존재를 암시하는 경우, 성스러움이란 언제나 이미 규범화된 정신으로 실존하는 존재론적 도살자로서의 현존재에게 공동 현존재에 대한 자신의 존재론적 도살을 —물론 현존재 자신에 대한 공동 현존재의 도살 역시— 정당한 것으로 받아들이게끔 하는 그 근거이자 이유가 된다. 실레와 같은 종류의 현존재는 자신을 위해 특별한 종류의 성스러움을 필요로 한다. 아니, 엄밀히 말해 그것은 그저 겉보기로만 특별한 종류의 성스러움일 뿐이다. 실레의 '성모'는 대체 누구인가? 한마디로, 실레의 편 가르기 정신이 실체화한 성스러움이다. 윤리 및 규범이 금기시하는 자신의 욕망으로 인해, 자신이 그 안에서 실존하는 일상세계가 자신과 순연한 외적 대립의 관계를 맺고 있다는 일종의 망념이 완전한 자기편으로서만, 전체로서의 세계가 거부하는 자신을 무조건적으로 긍정하고 사랑해야 할 그러한 존재자로서만, 어머니로서 성스러울 수 있는 여성상을 산출하도록 한 것이다.

유감스럽게도, 실레의 성모를 통해 구현되는 성스러움은 자가당착적이다. 실레가 때로 '성모'를 아들의 시선과 같은

193

방향으로 경계하는 듯한 눈빛을 보내는 여성의 이미지로 묘사한 것이 그 방증이다. 물론 실레의 '성모'가 자신의 아들과 함께 바라보는 그 대상은 구체적 이미지로 표현될 수 없다. 전체로서의 세계이기 때문이다. 결국 실레의 '성모'는, 성스러운 어머니로서 존재하는 모든 것을 긍정하고 사랑해야 함에도 불구하고, 자신이 세계와 순연한 외적 대립의 관계를 맺고 있다는 망념에 사로잡힌 아들을 무조건적으로 긍정하고 사랑해야 하는 어머니로서, 아들을 제외한 세계 전체와 외적 대립의 관계를 맺어야만 하는 역설에 처해 있는 셈이다.

실레의 성모가 이러한 역설에 처하도록 한 것은 대체 무엇인가? 그것은 바로 실레의 중간자적인 위치이다. 한편으로 실레는 자신이 즐거움을 감행해야 하는 존재자라는 존재론적 진실을 망각해 버린 수많은 인간들과 달리 존재론적 자기 기만에 빠지지 않을 만큼 강한 정신의 소유자였다. 그러나 다른 한편으로, 그의 정신은 순연한 즐거움을 감행할 만큼 강하지는 못했다. 윤리와 규범이 금기시하는 욕망을 추구하는 자로서, 실레에게 언제나 이미 규범화된 정신으로서 존재하는 공동 현존재는 모두 자신의 잠재적·현실적 도살자이다. 실레의 정신은 자신의 잠재적·현실적 도살자들로 넘쳐 나는 일상 세계 한가운데서 도도히 즐거움을 감행할 수 없었다. 말하자면, 그는 전체로서의 세계와 자신 사이에 가로놓인 경계를 벽으로 삼은 정신의 감옥 속에 갇혀 있었던 셈이다. 물론 그 감옥은 그의 정신 외에 다른 아무 곳에도 없다. 전체로서의 세계를 밖으로서 지니는 장소이기 때문이다. 마치 정신이 정신을 가두어 두는 식이다. 하기는 하이데거가 자신의 존재론의 방법론적 토대로 삼은 현상학의 관점에서 보면, 물리적이지 않은 모든 정신의 감옥은 그 자체로 정신에 속한 것일 수밖에 없다. 자신과 타자 사이의 관계를 순연한 외적 대립의 관계로 파악하는 정신의 태도 자체가 정신의 감옥이 생성되도록 하는 그 근원적인 원인이자 근거이기 때문이다.

앞에서 밝힌 것처럼, 실레와 달리 보들레르의 정신은 순연한 즐거움을 감행할 줄 알았다. 순연한 즐거움을 감행하는 보들레르의 방식은 크게 두 가지로 나뉜다. 하나는 자신을 배척하는 모든 공동 현존재와 함께 어울려 놀기를 감행함이다. 또 다른 하나는 이러한 감행이 실현될 수 없음을 알 때, 자신을 배척하는 공동 현존재의 일상세계의 한계 밖으로 홀연히 나아감이다. 『악의 꽃』의 서시 「독자에게」 바로 다음에 나오는 「축도」는 순연한 즐거움을 향한 보들레르의 두 가지 종류의 감행을 모두 묘사한다. 이러한 점에서 보면, 『악의 꽃』은 순연한 즐거움을 감행하는 법을 잃어버린 현존재의 비본래적이면서도 동시에 근원적인 존재방식으로서의 일상성과 그러한 현존재의 비본래성을 날카롭게 자각하고 순연한 즐거움을 감행할 결의를 품는 현존재의 본래성 사이의 강렬한 대비와 함께 시작하는 시집인 셈이다.

「독자에게」에서는 순연하게 즐거움을 감행하는 법을 잃어버린 탓에, 한편으로는 지나치게 윤리적으로 진지해지고, 다른 한편으로는 지나치게 비루해져 추잡스러운 즐거움을 탐닉하게 된, 현존재의 근원적 경향이 드러난다. 여기서 '근원적'이라는 표현은 「독자에게」의 '우리'의 존재방식이 현존재의 운명적인 존재방식이라는 것을 뜻한다. 왜 그러한가? 현존재가 언제나 이미 규범화된 일상세계 안의 존재자이기 때문이다. 일상세계를 지배하는 규범적 의미연관은 기본적으로 현존재 스스로 즐거움을 추구하는 자신의 근원적이고도 본래적인 경향을 부정하고 무화하도록 하는 방향으로 작용하는 것이다. 물론, 앞서 언급했듯이, 윤리 및 규범이 현존재의 즐거움에 대해 무조건 적대적이라고 여길 필요는 없다. 방종한 자의 즐거움은 타자의 고통이기 마련이고, 타자의 고통에 대해 마음 쓰지 않을 만큼 방종한 자들이 모여 있는 세계는 일종의 지옥이기 쉽다. 윤리 및 규범은 방종한 자들이 모여 있는 세계로서의 지옥의 형성을 가로막는다는 점에서는 즐거움의 형성에 긍정적이다. 실은 바로 이 때문에 「독자에게」의 '우리'는 윤리 및 규범의 지배를 받으며 끝없이 '비겁한 회한'에 시달려야만 하는 것이다. 그러나 방종한 자들이 모여 있는 세계로서의 지옥의 형성을 막기 위해 윤리 및 규범을 추구하는 자도, 심지어 보다 적극적이고 진취적으로 공동 현존재의 즐거움과 기쁨을 최대한 늘리기 위해 윤리 및 규범을 추구하는 자도, 자신이 할 수도 있고 또 기꺼이 하려고 하기도 하는 행위의 즐거움을 감행하지 못하도록 하는 현존재의 근원적 경향으로부터 자유로울 수 없다. 윤리 및 규범을 추구함 자체가 특정한 종류의, 혹은 극단적인 경우에는 모든 종류의, 즐거움을 감행해서는 안 될 것으로서 규정함을 전제로 하는 것이기 때문이다. 현존재란 본래, 언제나 이미 규범화된 일상세계 안에서 언제나 이미 규범화된 정신으로 실존한다는 바로 그러한 이유로, 순연한 즐거움을 감행하는 법을 다소간 잃어버린 존재자이고, 순연한 즐거움에의 감행을 다소간 지나치게 진지한 윤리적 숙고를 통해 다소간 부정적인 것으로 받아들이는 존재자이며, 그 때문에 도리어 더욱 강하게 다소간 지나치게 비루하고 추잡스러운 즐거움을 탐닉하는 존재자인 것이다.

순연한 즐거움을 감행하는 보들레르의 첫 번째 방식은 윤리 및 규범과 본래적으로 무관한 것이며, 그런 점에서 윤리적 진지함과도, 비루하고 추잡스러운 방식으로 즐거움을 추구하는 경향과도 무관하다. 「축도」의 제8연에서 보들레르는 '그[시인]가 사랑하고 싶은 자들 모두가 그를 두려워하며 바라보거나, 그의 평정함으로 인해 도리어 대담해져서는 신음하도록 그를 괴롭히고, 그에게 자신들의 잔혹성을 시험해 보려 한다'라고 말한다. 우리가 주목할 부분은 바로 '그가 사랑하고 싶은 자들 모두가'라는 구절이다. 보들레르의 '시인'은 본래 모든 인간을 사랑하고 싶어 하는 자이다. 모든 인간을 사랑하고 싶은 '시인'이 모든 인간과 함께하기를 원하는 것은 무엇인가? 그것은 우리가 앞서 살펴본 제7연에 서술되어 있다. '시인'은 '바람과 함께 놀고, 구름과 담소하는' 자이며, 이는 '시인'이, 모든 인간을 사랑하고 싶은 자로서, 바람과 함께인 양 모든 인간과 함께 놀고, 구름과 함께인 양 모든 인간과 담소하기를 지향하는 존재자라는 것을 뜻한다. '바람'과 '구름'은 '시인'에게 어떤 점에서 그토록 특별한가? 그것들은 그가 사랑하고 싶은 인간들과 달리 순연하게 자연적인 존재자들로서 본래적으로 비-윤리적인, 그 때문에 어떤 종류의 윤리적·규범적 진지함과도 무관한, 또한 바로 이러한 의미로 순연하게 천진난만하고 무구한, 삶의 상징이다. '시인'이 '숲속의 새처럼 즐거운' 까닭은 그가 '바람'과 '구름'처럼 본래적으로 비-윤리적인 존재자로서 아무도 심판하지 않기 때문이요, 심판하지 않는 자로서 언제나 이미 규범화된 일상세계 안에서 언제나 이미 규범화된 정신으로 살아가는 세인들에 의해 자신이 감당해야 할 십자가의 길조차 자신이 즐거이 노래해야 할 삶의 길로서 받아들이기 때문이다. '십자가의 길을 노래하며' '시인'은 무엇에 도취해 있었는가? 그것은 바로 언제나 이미 규범화된 정신으로 살아가는 세인들조차 실은 자신과 똑같은 인간 현존재로서 본래적으로 순연한 즐거움을 추구하는 성향을 지니고 있다는 존재론적 진실이다.

실로 이러한 존재론적 진실에 도취한 자만이 순연한 즐

거움을 감행하는 법을 잃어버린 채 다소간 흉하게 일그러진 정신을 지니게 된 모든 현존재를 향한 사랑의 의지를 지닐 수 있다. 오직 이러한 존재론적 진실에 도취한 나머지 모든 현존 재를 향한 사랑의 의지를 지니게 된 자만이 자신에게 예비된 십자가의 운명을 예감하면서도 즐거이 노래할 수 있다. 그런 데 이러한 존재론적 진실은 오직 본래적으로 비-윤리적인 존 재자로서의 현존재, 언제나 이미 규범화된 일상성으로부터 본래적 자신을 되찾아 순연한 즐거움을 감행할 결의의 순간 의 현존재에게만 열릴 수 있다.

그런데 '시인'이 알고 있던, 그리고 그것으로 인해 '시인' 의 정신이 도취와 황홀경에 잠기게 되었던, 그 존재론적 진 실은 과연 진실일까? 혹시 그것은 '시인'의 소망과 믿음이 자 아낸 몽상의 세계에서나 진실로 통용될 수 있는 공허한 진실 에 불과한 것이 아닐까? 아마 민감한 독자라면 지금쯤 눈살 을 찌푸리고 있을지도 모르겠다. '진실은 과연 진실일까?'라 는 식의 물음은 얼마나 비논리적이고 우스꽝스러운 물음인 가, 하고 의아해하면서 말이다. 그러나 진실이란 각자의 구체 적인 삶 속에서 세계를 대하는 각자의 고유한 태도와 믿음에 입각해서 드러나는 것인 법이다. 물론 이미 일어난 사건에 관 해서 잘 알아보지도 않고 제멋대로 생각하거나 믿어서는 안 된다. 살인을 저지른 자는 살인자이고, 거짓으로 남을 중상모 략하는 자는 비열한 자이며, 설령 악의가 없이 실수로 저지른 것이라고 하더라도 살인은 살인이고, 거짓은 거짓이다. 누구도 실제로 일어난 사건을 일어나지 않은 것으로 만들 수는 없다는 뜻이다. 그러나 인간 현존재의 근원적인 천성에 관한 믿음은, 인간의 근원적인 선함에 대한 믿음이든 반대로 인간의 근원적인 악함에 대한 믿음이든 상관없이, 부단히, 그리고 필연적으로, 그 믿음에 상응하는 진실의 세계를 열어 놓는 법이다. 왜 그러한가? 현존재가 언제나 이미 규범화된 일상세계에서 언제나 이미 규범화된 정신으로 실존하는 존재자라는 존재론적 진실 자체가 현존재의 근원적으로 이중적인 존재방식을 드러내고 있기 때문이다.

현존재는 왜 언제나 이미 규범화된 정신으로 실존하는가? 윤리 및 규범이 금기시하는 것을 추구할 가능성의 존재자일 뿐 아니라, 동시에 스스로 윤리 및 규범의 요구에 더욱 잘 부응하는 존재자가 될 결의를 품고 온전한 윤리적 인격체로서의 미래의 자기를 미리 기획하고 추구할 가능성의 존재자이기도 하기 때문이다.

전통 윤리학의 성선설과 성악설은 대체로 이러한 존재론적 진실의 절반은 상대적으로 가볍게 보고 나머지 절반은 상대적으로 무겁게 보는 편향된 성향으로 인해 생성된 것이라고 볼 수 있다. 그러나 성선설적 믿음을 지닌 자와 성악설적 믿음을 지닌 자는, 두 가지 종류의 믿음이 철저하고 완고한 것인 경우, 각각 자신의 믿음에 상응하는 온전한 진실의 세계를 자신의 존재에 근거를 두고 생성된 하나의 현상적 세계로서 지니게 된다. 성선설과 성악설이 존재론적 진실의 절반은 상대적으로 가볍게 보고 나머지 절반은 상대적으로 무겁게 보는 편향된 성향으로 인해 생성된 것이라는 말은 성선설을 믿는 자와 성악설을 믿는 자가 각각 자신의 믿음에 상응하는 편향되고 왜곡된 세계관을 형성하게 된다는 것과 같은 말이 아니다. 그것은 마치 낙엽을 보며 애상에 잠기는 것과 새싹을 보며 희망에 부푸는 것이 서로에 대해 동등한 권리를 갖는 것과 같다. 낙엽을 보며 애상에 잠기는 자는 모든 살아 있는 것은 결국 죽게 된다는 진실 때문에 괴로워하는 자이다. 반면 새싹을 보며 희망에 부푸는 자는 탄생이란 기쁘고 아름다운 삶에의 가능성이 열리는 것과 같다는 진실 때문에 즐거워하는 자이다. 둘 중 어느 것이 맞는지 따지는 것도 우스운 일이고, 둘이 모두 편향된 세계관의 발로라고 여기는 것도 온당치 못한 일이다. 모든 살아 있는 것은 언젠가 결국 죽는다. 이 단순하고 분명한 진실에 무슨 편향성이 있다는 말인가. 탄생이란 기쁘고 아름다운 삶에의 가능성이 열리는 것과 같다는 진실에 대해서도 마찬가지 이야기를 할 수 있다. 이 단순하고 분명한 진실에, 세계의 그 모든 참혹함에도 불구하고 모든 살아 있는 것은 순연하게 기쁘고 아름다운 삶을 향해 전진해 나가려는 근원적이고도 본래적인 성향을 지니고 있다는 이 체험적 삶의 진실에, 무슨 편향성이 있다는 말인가. 인간의 근

201

원적인 선함에 대한 믿음도, 반대로 인간의 근원적인 악함에 대한 믿음도, 각각 온전하고 확실한 존재론적 진실의 표현이다. 존재론적으로 인간 현존재는 분명 근원적으로 선한 존재자이다. 현존재가 언제나 이미 규범화된 정신으로 실존한다는 것 자체가 현존재란 선을 지향할 본래적이고도 근원적인 가능성의 존재라는 것을 드러내는 것이다. 하지만 인간 현존재가 분명 근원적으로 악한 존재자라는 것도 마찬가지 이유로 온전하고 확실한 존재론적 진실의 드러남이다. 언제나 이미 규범화된 정신으로 실존하는 존재자인 한에서, 현존재는 분명 악을 지향할 본래적이고도 근원적인 가능성의 존재이기도 한 것이다.

보들레르의 시 세계는 바로 이러한 존재론적 진실, 즉 현존재란 선을 지향할 본래적이고도 근원적인 가능성의 존재이기도 하고, 반대로 악을 지향할 본래적이고도 근원적인 가능성의 존재이기도 하다는 진실을 추상적인 논리의 언어가 아니라 예술적 비유와 상징의 언어로 형상화한 것이라고 볼 수 있다. 보들레르가 자신을 —언제나 이미 규범화된 정신으로서 즐거움을 추구하는 이지러진 경향에 빠져 있는— '우리'의 하나로 여기기도 하고, 순연한 즐거움을 감행하는 '시인'으로 여기기도 한다는 것이 그 생생한 증거이다.

유감스럽게도, '시인' 보들레르는 '우리'에 의해 배척되고 괴롭힘을 당할 운명에 처해 있다. 언제나 이미 규범화된 정신으로서 즐거움을 추구하는 이지러진 경향에 빠져 있는 '우리'에게 순연한 즐거움을 감행하는 '시인'은 비-윤리적인 존재자로서가 아니라, 고통당해 마땅한 비윤리적인 존재자로서 파악될 수밖에 없기 때문이다. 태어나자마자 '어머니'에게서 수난과 모욕을 당했듯이, 모든 인간을 사랑하고 싶은 '시인'은 자신이 사랑하고 싶은 모든 인간에게서 수난과 모욕을 받는다. 심지어 '시인'의 '아내'조차 예외는 아니었다. 제8연에서 제13연까지 보들레르는 '시인'으로서의 자신이 아내를 포함하는 모든 세인으로부터 받아 온 참혹한 수난과 모욕의 역사를 묘사한다.

그러나, 제14연에 이르러, 보들레르는 다음과 같이 선언한다. '시인은 … 자신의 맑은 정신의 밝은 광막함으로 분노한 사람들을 외면한다.' '시인'은 자신의 박해자인 모든 세인에 대해 원한의 감정을 품게 되었는가? 그가 자신에게 분노한 사람들을 외면한 것은 그들을 향한 증오와 분노 때문인가, 아니면 저어하기 어려운 두려움과 불안 때문인가? 물론 둘다 아니다. 증오와 분노도, 두려움과 불안도, '시인의 맑은 정신의 밝은 광막함'과 어울릴 수 없기 때문이다. 세인들이 자신을 받아들이지 않을 것임을 분명하게 알게 된 '시인'은 '휘황찬란한 왕좌가 보이는 하늘을 향해 경건하게 두 팔을 올린다.' 왜 세인들은 무구하고 천진난만한 존재인 '시인'에게 분노했는가? 무구하고 천진난만한 존재로서의 '시인'의 근원적이고도 본래적인 비-윤리성을 자기 자신의 근원적이고도 본래적인 존재-가능성으로서 발견할 존재론적 역량을 잃어버렸기 때문이다. 물론 그 이유는 그들의 정신이 언제나 이미 규범화된 정신이라는 점에 있다. 한마디로, 그들은 삶과 존재의 근원적이고도 본래적인 비-윤리성을 용납될 수 없는 비윤리성으로 받아들일 만큼 이지러진 정신으로 존재하는 존재자들이다. 왜 시인은 자신의 삶을 참혹하게 만든 세인들을 향해 분노와 증오, 원한의 감정 등을 품는 대신 하늘을 향해 경건하게 두 팔을 올렸는가? 자신의 삶을 참혹하게 만든 세인들역시 하늘처럼 청명하고 광막한 삶과 존재의 근원적인 진실, 즉 삶이란 본래 순연한 즐거움을 향한 부단한 추구라는 성스러운 존재론적 진실의 예외일 수 없음을 이미 알기 때문이다.

자신의 박해자인 세인들에 대한 '시인'의 외면은 일종의 체념 및 체념이, 오직 체념만이, 가능하게 할 후련함과도 같다. 제15연부터 마지막 연인 제19연까지는 신을 향한 '시인'의 말 걺이다. 놀랍게도, '시인'은 신에게 감사하고 또 신을 축복한다. 달리 말해 '시인'은 모든 인간과 함께 순연한 즐거움을 감행하기를 포기하고 체념한 후에도 여전히 자신의 십자가의 길을 즐거이 노래한다. '시인'에 따르면, '당신[신]은 우리의 불순함에 대한 신성한 약으로, 강한 자에게 성스러운 쾌락을 예비해 주는 지고지순한 정수로, 고통을 주시는' 존재이다. 왜 고통은 '우리의 불순함에 대한 신성한 약'이자 '강한 자에게 성스러운 쾌락을 예비해 주는 지고지순한 정수'인가?
'우리'에게는 '시인'처럼 순연한 즐거움을 감행함이 지상의
인간과는 비교할 수도 없으리만치 고차원적이고 찬란한 존재
자가 될 유일한 방식이기 때문이다. '시인'은 신에게 '고뇌야
말로 유일한 고귀함'이라고 고백한다. 그 까닭은 엄숙하고 진
지한 윤리의 정신으로 즐거움과 쾌락을 포기해야 하기 때문
이 아니라, 신이 '시인'을 위해 마련한 위대한 영광과 성스러
운 황홀경이 고통으로 단련된 정신을 요구하기 때문이다. '나
의[시인의] 신비로운 관을 짜려면 모든 시간과 모든 우주를 다
들여야 하느니' 그것은 고뇌를 통해 형성된 '시인'의 '고귀함'
이 '이승도 지옥도 손상할 수 없는' 것이기 때문이다. 물론 오
직 '신'만이, 오직 '신'이 손수 마련한 것만이, 이승도 지옥도
손상할 수 없을 만큼 강할 수 있다. 즉, '시인'이란 신적인 영
광을 스스로 발견하고 그 아름다움에 도취하기 위해 지상에
서 사는 동안 부단히 고통으로 단련되어야 하는 존재자이다.
'시인'에 따르면, '신'이 '시인'을 위해 손수 마련해 줄 그 '관'
은 '시원적인 광선의 성스러운 화덕에서 길어 낸 순수한 빛으
로만 만들어질 것이고, 그 빛에 대해 죽을 자들의 눈은, 그 모
든 광채 속에서도, 그저 흐릿하고 애처로운 거울에 지나지 않
는다.' 한마디로, '시인'의 삶의 전 과정은 '죽을 자들의 눈'의
한계를 넘어서는 데 필요한 시련의 과정, 언제나 이미 규범화
된 일상세계에서 언제나 이미 규범화된 정신으로 살아가는

'우리'로서의 현존재의 눈으로는 온당한 방식으로 발견할 수 없는 근원적인 존재의 아름다움을 발견하는 데 필요한 정화의 과정, 그 근원적인 존재의 아름다움을 자신을 위해 마련된 관으로 씀으로써 스스로 근원적인 존재와 하나가 되도록 하는 완전하고도 절대적인 초월을 위한 과정이다.

한 가지 주의할 점은 '시인'에게 근원적인 존재와 하나가 됨은 결코 인간적인 것의 포기를 요구하는 것이 아니라는 것이다. 인간이란, 혹은 현존재란, 본래 어떠한 존재자인가? 앞서 거듭 확인한 것처럼, 순연한 즐거움에의 추구를 자신의 본래적인 존재의 운동으로서 지니는 존재자이다. 근원적인 존재의 아름다움을 발견하려면, 그것을 자신을 위해 마련된 관으로 쓸 수 있으려면, 현존재는 마땅히 순연한 즐거움을 향한 자신의 감행을 그 극단에 이르기까지 수행해 나가야 한다. 보들레르의 '시인'이 바로 이러한 존재자이다. 보들레르의 '우리'란 실은 순수한 '시인'일 수 없는 모든 현존재, 순수한 '시인'일 수 없기에 순연하게 비-윤리적인 존재가 될 수 없는 모든 현존재, 순연하게 비-윤리적인 존재가 될 수 없는 존재자로서 근원적인 존재의 아름다움과 하나가 되는 길을 가지 못하고 자꾸만 '비겁한 회한'과 이지러진 즐거움에의 탐닉의 악순환에 빠져 버리는 '흐릿하고 애처로운 거울'의 '눈'의 모든 현존재를 가리키는 말인 것이다.

이제 「축도」에 관한 앞의 해석을 염두에 두고서, 『악의 꽃』

의 시들 가운데 아마도 가장 많이 알려진 작품일 「신천옹」(혹은 「알바트로스」)을 감상해 보자. 「신천옹」의 전문은 다음과 같다.

신천옹

샤를 보들레르
한상연 옮김

장난삼아 뱃사공들은 종종 신천옹을 잡지.
깊은 바다 위에서 미끄러지는 배를 따르며
한가로이 길동무가 되어 주는
커다란 바다의 새를.
뱃사공들이 갑판 위에 놓자마자
이 창공의 왕은 서툴고도 부끄럽네.
가련하게도 크고 흰 날개를 옆구리에 단 채
마치 노처럼 질질 끌지.

이 날개 돋친 길손은 얼마나 어색하고 무기력한가!
방금 전엔 그토록 아름다웠으나 이젠 우스꽝스럽고
추할 뿐이네!
어떤 이는 파이프로 부리를 지지고
어떤 이는 절름거리며 이전에는 날던 이 병신을 흉내
내지!

시인은 이 구름의 왕자를 닮았구나.

폭풍 속을 넘나들며 궁수를 비웃지만

지상으로 추방되면 큰 소리로 놀림을 당하며

큰 날개로 인해 비트적거리기나 하네.

보들레르의 시 세계를 이해하는 데 「신천옹」은 결정적인 도움이 될 수도 있고, 반대로 결정적인 방해가 될 수도 있다. 신천옹과 시인이 모두 동일한 존재자의 이념을 가리키는 두 가지 상징의 언어라는 것은 누구나 쉽게 파악할 수 있다. 그렇다면 신천옹과 시인이 상징하는 존재자의 이념이란 대체 무엇인가? 그것은 바로 순연한 즐거움만을 추구한다는 뜻으로 자유로운 존재자의 이념이다.

언제나 이미 규범화된 일상세계에서 역시 언제나 이미 규범화된 정신으로 살아가는 현존재는 대체로 자유를 감각적·육체적 쾌락을 향한 욕망으로부터 벗어날 정신의 역량에 그 근거를 두고 있는 것으로서 이해하는 경향을 보인다. 실제로 일상세계에서는 이러한 자유의 이념 역시 부정할 수 없는 타당성을 지닌다. 만약 우리에게 감각적·육체적 쾌락을 향한 욕망으로부터 벗어날 정신의 역량이 조금도 없다면, 우리는 그 누구와도, 존재론적 의미로, 함께-있을 수 없을 것이다. 내가 감각적·육체적 쾌락을 얻기 위해 획득하려는 것이 남이 이미 가지고 있는 것으로서 그에게도 소중한 것이라면, 그리고 그 때문에 그가 자발적으로 나에게 내가 원하는 것을 주려 하지 않으면, 나는 무엇을 어떻게 해야만 하는가? 감각적·육체적 쾌락을 향한 욕망으로부터 벗어날 역량이 조금도 없는 존재자에게 이러한 물음은 순전히 힘의 관계에 대한 물음일 뿐이다. 만약 그가 나보다 강한 자라면, 혹은 누군가 강력한 뒷배가 있어 그를 해치는 경우 그 뒷배로부터 보복을 당할 가능성이 있다면, 나는 감각적·육체적 쾌락을 향한 자신의 욕망을 스스로 억제하게 된다. 그러나 그것은 나에게 윤리적 양심이 있기 때문이 아니라 욕망의 충족을 위한 행위를 하는 경우 얻게 될 감각적·육체적 쾌락으로서의 이득이 감각적·육체적 고통 및 죽음으로서의 손해보다 더 작으리라는 타산 때문이다. 이 말은 곧 각각의 인간들이 자신의 욕망을 충족하기 위해 이런저런 행위를 할 가능성을 윤리 및 규범의 힘으로 제약하고 조정하지 않으면 결국 모두가 모두의 삶에 대해 적대적인 혼돈 가운데서 살 수밖에 없다는 것을 뜻한다.

인간이 아닌 다른 동물들의 세계에서는, 감각적·육체적 쾌락을 향한 욕망으로부터 벗어날 역량이 없는 개체들끼리 모여 사는 경우에도, 모두의 삶에 대해 적대적인 혼돈이 형성되기 어렵다. 왜 그러한가? 인간과 달리 동물들에게는 사물을 자신을 위해 유용한 도구 및 무기로 이해하고 활용할 역량이 없거나 매우 부족하기 때문이다.

진화론자들 가운데는 자연세계가 본래 치열한 생존경쟁

의 논리에 의해 특징지어질 수 있다는 식으로 말하는 이들이 적지 않다. 이러한 주장은 도구적 지성을 지닌 인간들의 사회에서 체험된 경쟁적 관계를 무비판적으로 자연세계에 투영하면서 생겨난 난센스일 뿐이다. 물론 자연세계에서 이런저런 생명체들이 제각각 살기 위해 최선을 다하고, 경우에 따라 서로 격렬하게 싸우기도 하는 것은 사실이다. 그러나 경쟁이란 본래 서로가 서로를 싸워 볼 만한 상대로 볼 때, 서로가 서로에게서 능히 제압할 가능성을 볼 때, 비로소 일어나는 것이다. 자연세계는 경쟁과 아예 무관한 세계인가? 물론 그럴 리야 없다. 생명체들이 조우할 때 서로가 서로를 한 번 겨루어 볼 만한 상대로 여기는 일은 분명 있다. 그러나 힘의 불균형이 존재하는 곳에서 경쟁은 아예 생겨나지 않거나, 매우 제한된 정도로만 생길 것이다. 토끼가 호랑이와, 영양이나 얼룩말이 사자와 경쟁한다는 식으로 말할 수는 없다. 자연세계에서 각각의 생명체는 자신의 역량을 최대한 발휘해 살기 위해 애쓸 뿐이다. 그러나 이것을 빌미로 자연세계가 어떤 치열한 경쟁의 논리에 의해 점철되는 세계라는 식으로 주장해서는 안 된다. 인간이 아닌 생명체는, 동물까지 포함해, 자신보다 강한 자를 제압할 가능성을 갖고 있지 못하거나, 매우 제한된 정도로만 가지고 있기 때문이다. 경쟁이란 본래 서로가 서로를 제압할 수 있다는 믿음을 지닐 때 일어나는 것이다. 그러니 자신보다 강한 자를 제압할 가능성을 갖고 있지 못하거나, 매우 제한된 정도로만 가지고 있는 자연적 생명체들의 관계는 결코 경쟁이라는 말로 일반화될 수 없다.

결국 인간만이, 모두의 삶에 대해 적대적인 혼돈이 형성되지 않도록 하려면, 감각적·육체적 쾌락을 향한 욕망으로부터 벗어날 역량을 길러야 하는 특별한 존재자인 셈이다. 왜 그러한가? 앞에서 언급한 것처럼, 인간이란 사물을 자기를 위해 유용한 도구 및 무기로 이해하고 활용할 역량을 다른 동물들과는 비교도 할 수 없을 만큼 많이 가지고 있는 존재자이기 때문이다. 예컨대, 늑대들은 윤리나 법 같은 것을 알지 못하고, 그 때문에 본능적 충동과 힘의 논리 외에 감각적·육체적 쾌락을 향한 욕망으로부터 벗어나야 할 어떤 합리적 이유 같은 것도 알지 못한다. 그렇다면 같은 무리에 속한 늑대들은 서로 부단히 싸우고 죽이는 혼돈의 상태에 빠져 있는가? 물론 늑대들끼리 싸우는 것은 더러 일어나는 일이다. 그러나 싸움을 통해 누가 강한지 분명해지면 힘의 우열관계에 의거한 위계질서가 생겨나고, 한번 위계질서가 생겨나면 늑대들은 불평등하나마 평화롭게 공존하게 된다. 불행인지 다행인지는 모르겠지만, 늑대의 세계와 달리 인간의 세계에서는 힘의 우열관계에 의거한 위계질서가 생겨나기도 어렵고, 설령 생겨난다고 하더라도 안정되게 유지되기가 어렵다. 늑대의 관점에서 보면, 힘이 약해 서열이 낮은 늑대는 힘이 강해 서열이 높은 늑대에게 도전할 이유가 없다. 힘의 우열관계를 무시하고 자신보다 강한 자에게 싸움을 걸면 비참과 고통과 죽음만이 찾아올 것이기 때문이다. 물론 서열이 높은 늑대도 서열이 낮은 늑대를 쓸데없이 괴롭힐 이유가 없다. 자꾸 괴롭히면 서열이 낮은 늑대가 늑대다운 용맹한 기백을 잃어버리게 될 것이고, 이는 곧 자신이 속한 무리의 생존력이 그만큼 감소하게 된다는 것을 뜻하는 것이다. 하지만 늑대와 달리 인간은 자신보다 강한 자에게 지속적으로 복종할 이유가 본래 없다. 인간은 사물을 무기로 쓸 수 있도록 하는 도구적 지성과 역량을 가지고 있고, 이는 곧 인간은 자신보다 강한 자를 제압할 가능성 역시 가지고 있다는 것을 뜻한다. 그러니 순전한 힘의 논리만으로 인간들이 서로 평화롭게 공존할 수 있는 세계를 건립하는 것은 불가능할 수밖에 없다. 자기가 충분히 제압할 수 있는 자에게 지속적으로 복종할 이유가 대체 무엇이겠는가? 그런데 모두가 모두를 자신이 충분히 제압할 만한 상대로 여기는 곳에서는 위계질서가 생겨나기 어렵고, 설령 생겨난다고 하더라도 오래 지속하기 어렵다. 정치적 관점 내지 권력학적 관점에서 보면, 윤리와 규범이란 본래 이러한 이유로 인해 끊임없이 고안되고, 자율성을 강제하는 방식으로, 사회에서 적용되는 것이다. 간단히 말해, 인간은 타자와 평화롭게 공존하기 위해 반드시 윤리적 양심을 길러 내야 하는 존재자이며, 양심의 가책을 받아야 하는 존재자이고, 바로 그러한 점에서 부단히 '비겁한 회한'에 시달려야 하는 존재자이다.

윤리적 양심을 길러 내야 할 당위성 자체가 순연한 즐거움을 추구함이라는 현존재의 본래적 경향을 현존재 스스로 부정하고 무화해야 할 역설적이고 모순적인 의미의 당위성이기 때문이다.

이제 「신천옹」에 대한 필자의 주장, 즉 「신천옹」이 보들레르의 시 세계를 이해하는 데 결정적인 도움이 될 수도 있고, 반대로 결정적인 방해가 될 수도 있다는 말의 의미에 대해 생각해 보자. 「신천옹」은 '시인'의 삶과 '시인' 아닌 사람들의 삶이 매우 다르다는 것을 알린다. 보들레르가 '구름의 왕자'인 '신천옹'을 닮았다고 말한 '시인'이란 대체 어떠한 방식으로 사는 존재자인가? 감각적·육체적 쾌락을 향한 자신의 욕망을 스스로 제약하거나 억압하지 않으며 사는 존재자이다. 그렇다면 '시인' 아닌 사람들은 대체 어떠한 방식으로 사는가? '뱃사공들'이 '시인' 아닌 사람들을 상징하는 말이라고 보는 경우, '시인' 아닌 사람들은 서로 협력하여 일하며 사는 존재자들이라는 결론이 나온다. 「신천옹」에서 비교적 쉽게 확인해 볼 수 있는 '시인'과 '시인' 아닌 사람들 사이의 이러한 강렬한 대조는 분명 보들레르의 시 세계를 이해하는 데 결정적인 도움이 된다. 모든 세인과 구분되는 자유로운 '시인'으로 거듭나기야말로 보들레르를 보들레르다운 시인으로 만들어 준 시적 상상력과 꿈의 본래적 목적이자 원동력이기 때문이다. '시인'의 자유는 통념적인 의미의, 즉 언제나 이미 규범화된 정신으로 살아가는 현존재의 일상세계에서 그 유효성을 부단히 획득해 나가는 그러한 의미의, 자유와 어떻게 다른가? 앞서 언급한 것처럼, 통념적인 의미의 자유는 감각적·육체적 쾌락을 향한 욕망으로부터 벗어날 역량을 가리키는 말이거나 이러한 역량에 의거해서만 실현될 수 있는 삶의 방식을 가리키는 말이다. 반면 '시인'은 감각적·육체적 쾌락을 향한 욕망으로부터 벗어나야 할 이유를 갖지 않는다는 의미로 자유로운 존재자이다. 이는 보들레르가 '시인'을 '구름의 왕자'인 '신천옹'을 닮은 존재로 묘사하는 것을 통해 잘 드러난다. '구름의 왕자'인 '신천옹'의 자유란 대체 어떠한 것인가? 날 수 있는 자신의 역량을 최대한 잘 발휘해서 드높은 창공으로 날아오를 자유, 유유자적하게 창공을 떠다닐 수 있는 자신의 역량을 최대한 잘 발휘해서 창공에서 유유자적하게 떠다닐 자유이다. 달리 말해, '시인'의 자유는 드높은 창공으로 날아오르기를, 창공에서 유유자적하게 떠다니기를 소망할 자유, 자신의 소망을 실현해 나갈 자유, 현실세계의 모든 제약으로부터 벗어나서 최상의 감각적·육체적 쾌락을 추구할 자유, 온전히 자연적이고 비-윤리적인 존재자로 존재할 자유이다.

그렇다면 「신천옹」이 보들레르의 시 세계를 이해하는 데 결정적인 방해가 될 수 있는 까닭은 무엇인가? '시인'과 '시인' 아닌 사람들 사이의 구분이 자칫 '시인'이 '시인' 아닌 사람들과 순연하게 다른 존재자라는, '시인'의 삶이 '시인' 아닌 사람들에게, 결코 허용될 수 없고 또 이루어질 수도 없는 것이라는 의미로, 비현실적인 이상에 불과하다는 오해를 불러일으킬 수 있기 때문이다. 「신천옹」의, 그리고 「축도」의, '시인'은 과연 누구인가? 물론 보들레르 자신이다. 그렇다면 「독자에게」의 '우리'는 누구인가? '우리'는 보들레르를 제외한 나머지 인간들을 가리키는 말인가? 그렇지 않다는 것을 우리는 이미 확인했다. 「신천옹」과 「축도」의 '시인'은 '우리'에 속한 일상적 현존재로서의 보들레르가 도래할 미래의 자기로서 기획하고 투사한 완전한 삶의 담지자로서의 새로운 인간, 혹은 니체의 용어를 차용하자면, 초인이다. 그렇다면 '시인'이란 일상세계에서 '우리'의 하나로 살아가는 한 현실적 존재자로서의 보들레르와 구분되는 어떤 이상적 인간을 가리키는 말인가? 어떤 관점을 취하느냐에 따라, 그렇다고 볼 수도 있고, 그렇지 않다고 볼 수도 있다. 한편으로 '우리'의 하나로 살아가는 한 현실적 존재자로서의 보들레르의 삶은 분명 완전하지 않으며, 그런 점에서 그는 '시인'과 구분된다. 사실 이는 매우 당연한 것이다. 현실적 존재자로서의 인간이라면 누구든 온전히 이상적인 인간일 수 없고, 바로 이러한 의미로 응당 완전한 삶의 담지자일 수도 없다. 그러나 다른 한편으로 보들레르는 '우리'의 하나로 살아감에 만족하지 않고 '시인'의 꿈을 꾼다. 어떤 의미에서 '시인'의 꿈을 꾸는 자는, '시인'을 완전한 삶의 담지자로 간주함이 타당한 경우, 이미 완전한 삶의 담지자이다. 그것은 마치 하나의 씨앗이, 분명 아직 꽃이 아님에도 불구하고, 기어이 꽃이 될 존재자로서 도래할 미래의 꽃의 생성과 존재에 언제나 이미 참여하고 있다는 점에서 단순히 꽃 아닌 존재자로서만 규정될 수 없는 것과 같다. 꽃이 될 씨앗은 한 알의 모래가 꽃이 아닌 것과 같은 방식으로 꽃이 아닐 수 없는 것이다.

주의할 점은 보들레르의 '시인'은 어떤 본질이나 형상 같은 말로 형용될 수 없는 것으로서 완전한 삶의 이상이라는 점이다. 만약 '시인'이 불변하는 본질이나 형상 같은 말로 형용될 수 있는 존재자라면, 그는, 고대 그리스 이래로 수많은 철학자들이 삶의 이상으로 상정해 온 것과 같은 의미로, 영원한 자기동일자로서의 존재자인 셈이다. 그러나 '시인'을 '시인'답게 만들어 주는 것은 순연한 즐거움을 향한 부단한 추구이다. '시인'에게 순연한 즐거움을 향한 '시인'의 부단한 추구를 가능하게 하는 것은 무엇인가? 물론 즐거움을 예기하도록 하는 것, 아름다움의 감흥으로 유인하는 것, 정신을 고양시키는 것, 그럼으로써 스스로 기꺼이 지금의 자신과 다른 그 무엇이 될 무한정한 길 위의 존재자가 되도록 하는 것이다. 그러므로 '시인'에게는 본래 삶의 근원적이고 본래적인 목적으로서의 형상이나 본질 같은 것은 존재하지 않는다. '시인'은 부단히 자기 밖으로 나가 즐거움의 추구를 가능하게 할 그 존재론적 근거로서의 존재(자)와 만나는 자일 뿐 아니라, 언제나 이미 순연한 즐거움을 부단히 추구하는 존재자로서, 이미 자신의 존재 자체에서부터 자기-밖과 나뉠 수 없는 하나의 무한한 전체를 이루고 있다. 간단히 말해, '시인'이란 순연한 즐거움을 향한 자신의 부단한 추구를 통해 자신의 존재를 무한한 전체로서의 존재의 개별화된 서술과 표현으로 전화轉化해 나가는 존재자이다.

바로 이 지점에서 보들레르와 실레 사이의 가장 결정적인 차이가 드러난다. 보들레르와 달리 실레는 자신을 온전히 '우리'에 속한 존재자로서 이해하지도 못했고, 도래할 미래의 자기를 완전한 삶의 담지자로서의 '시인' 내지 '예술가'로 기획하고 투사할 수도 없었다. 그러므로 실레의 불행은 자신의 존재를 무한한 전체로서의 존재의 개별화된 서술과 표현으로 전화해 나갈 역량의 부재에 기인하는 것이라고 볼 수 있다. 실레는 본질적으로 순연한 즐거움을 감행하는 존재자가 아니라 순연한 즐거움을 추구하기를 원하는 자신과 그러한 자신을 무화되고 부정당해 마땅한 존재자로서 금기시하는 일상세계와의 관계를 부단히 염려하며 관찰하는 존재자이다. 이것은 실레가 존재하는 모든 것과, 심지어는 '성모'여야 할 어머니와 자기 자신과도, 외적 대립의 관계를 맺고 있는 매우 특별한 존재자라는 것을 뜻한다. 실레의 '성모' 이미지는 실레의 존재의 이러한 근본적인 특징을 잘 드러낸다. 실레의 '성모'는 왜 미켈란젤로의 〈피에타〉의 성모와 같은 자세로, 그럼

에도 구원에의 희망을 온전히 잃어버린 죽은 혼의 표정과 눈
초리를 엿보이며, 자녀들을 힘없이 안은 채 음울한 세계-무덤
안에 앉아 있는가? 특별한 경계도 없이 일견 무한히 개방된
것으로 발견되는 일상세계 자체가 자신 및 자신의 자녀들과
온전한 외적 대립의 관계를 맺고 있음을 이미 알고 있기 때
문이다. 말하자면 실레의 '성모'에게는 세계의 무한성이 밖을
향한 무한한 열림으로서의 무한성이 아니라 전체로서의 존재
와 순연한 외적 대립의 관계를 맺고 있는 자를 기다리고 있는
무한한, 보이지 않는, 그럼에도 불구하고 자신을 거부할 수
없는 방식으로 확실하게 가두어 두는, 불가시의 벽의 무한성
인 셈이다. 왜 실레의 또 다른 '성모'는 자식과 같은 방향으로
시선을 보내며 그 무엇인가를 뚜렷하게 응시하고 있는가? 그
림 속에 나타나지 않는 것으로서 '성모'가 응시하고 있는 그
것은 대체 무엇인가? 앞에서 확인해 보았듯이, 실레의 '성모'
는 일상세계가 금기시하는 욕망의 존재인 자신의 자식으로
인해 '성모'로서 자신이 마땅히 무한히 사랑하고 포용해야 할
전체로서의 세계와 순연한 외적 대립의 관계를 맺게 된 자가
당착적이고 역설적인 존재자이다. 그러므로 실레의 '성모'의
그 강렬한 눈빛은 실은 매우 기만적이다. 강렬한 것은 어머니
를 향한 실레의 소망, 전체로서의 세계와 외적 대립의 관계를
맺고 있는 자신을, 오직 자신만을, 사랑하고 긍정해야 할 자
신만의 '성모'로서 도래할 미래의 어머니를 기획하고 투사하

려는, 도래할 미래의 어머니와의 관계 속에서 형형한 눈빛으로 자신의 순연한 타자인 세계를 당당하게 응시할 역량을 지닌 존재자로서 도래할 미래의 자기를 함께 기획하고 투사하려는, 실레의 소망뿐이다.

실레의 소망은 물론 이루어질 수 없다. 실레의 '성모' 자체가 자가당착적이고 모순적인 존재자의 이미지에 불과하기 때문이다. 왜 이러한 결과가 초래되었을까? 왜 실레는 이루어질 수 없는 소망을 품게 되었을까? 왜 실레는 자가당착적이고 모순적인 존재자의 이미지에 불과한 '성모'와의 관계 속에서 그 자체로 자가당착적이고 모순적인 자신의 소망을 실현하려는 부질없는 상념에 사로잡히게 되었을까? 물론 보들레르와 달리 순연한 즐거움을 감행할 역량을 지니지 못했기 때문이다. 결국 실레에 관한 모든 존재론적 물음은 하나의 근본 물음으로 수렴되는 셈이다. 왜 실레는 순연한 즐거움을 감행할 역량을 지니지 못하게 되었을까? 이러한 의문을 풀 수 있으려면, 필자가 앞에서 「신천옹」이 보들레르의 시 세계를 이해하는 데 도리어 결정적인 방해가 될 수도 있다고 말하며 언급한 예의 선입견에 관해 다시 생각을 정리할 필요가 있다. 「신천옹」에서 부각된 '시인'과 —필자의 관점에서 보면, 존재론적 의미의 세인에 해당하는— '뱃사공들'의 강렬한 대조로 인해 보들레르 내지 보들레르가 도래할 미래의 온전한 자기로서 기획하고 투사한 '시인'을 일상세계 및 세인과 순연한 외적 대립의 관계 속에 있는 존재자처럼 여기게 되기 쉽다. 이러한 해석이 맞는다면, 보들레르 역시 실레와 마찬가지로 세계-무덤의 벽 안에 수인囚人처럼 갇혀서 지내는 존재자인 셈이다. 그러나 보들레르를 보들레르답게 만들어 주는 가장 중요한 점은 그가 순연한 즐거움을 감행하는 시인이라는 점을 기억해야 한다.

순연한 즐거움에의 감행을 가능하게 하는 것은 무엇인가? 한편으로 그것은, 앞에서 언급한 것처럼, 정신으로 하여금 즐거움을 예기하도록 하는 것, 정신을 아름다움의 감흥으로 유인하는 것, 정신을 고양시키는 것, 그럼으로써 정신으로 하여금 스스로 기꺼이 지금의 자신과 다른 그 무엇이 될 무한정한 길 위의 존재자가 되도록 하는 것 등이다. 그러나 평화롭고 푸른 들판 위를 호젓이 홀로 걷다가 문득 한 송이 들꽃의 아름다움을 발견한 자는 아무것도 감행할 필요가 없다. 그는 그저 즐거움을 추구하는 현존재의 본래적 경향에 따라 꽃의 아름다움이 유인하는 대로, 꽃의 아름다움의 향유가 가져다줄 감각적·육체적 쾌락에의 기대에 마음이 들뜨는 대로, 꽃을 향해 나아가기만 하면 된다. 결국 감행이란 자신이 기꺼이 하려고 하는 것을 못하게 막는 적대적인 힘의 존재에 대한 이해를 전제로 이루어지는 것이다. 그렇다면 보들레르에게 자신이 기꺼이 하려고 하는 것, 즉 순연한 즐거움을 만끽하는 것을 못하게 막는 적대적인 힘의 존재란 과연 무엇인가? 물론 '우리'이다. 왜 '우리'인가? 「신천옹」은 '시인'을 '구름의 왕자'인 '신천옹'으로, 그리고 세인을 '뱃사공들'로, 분명하게 구분해서 표현하지 않는가? 물론 그렇기는 하다. 그리고 바로 그 때문에 보들레르 시 세계의 참된 의의가 자칫 간과될 위험이 생겨났다.

우선 다음과 같은 물음에 관해 생각해 보자. 어떻게 '뱃사공들'은 '구름의 왕자'인 '신천옹'을 붙잡을 수 있었는가? 「신천옹」의 제1연에 그 대답이 나와 있다. '신천옹'은 저 홀로 도도하게 창공 위를 날기만 하는 새가 아니라 '깊은 바다 위에서 미끄러지는 배를 따르며 한가로이 길동무가 되어 주는 커다란 바다의 새'이다. 즉, '신천옹'은, 혹은 '신천옹'이 상징하는 '시인'은 '뱃사공들'과, 즉 모든 세인과, 즐겁게 놀기를 원하는 존재자이다. 이러한 점에서, 「신천옹」의 '시인'은 「축도」의 '시인'과 독자에게 '시인'이 온전한 '시인'이 되기 위해 마땅히 감당해 내야 하는 고뇌의 본질이 무엇인지 동일한 방식으로 보여 준다고 볼 수 있다. 「축도」의 '시인'은 왜 자신이 만나는 모든 인간에게서 괴롭힘을 당해야 했는가? 순연한 즐거움을 감행할 만큼 순수하고 아름다우며 대담한 정신의 소유자라는 것이 그 하나의 이유이고, 자신을 이해하지도 못하고 받아들이지도 못하는 모든 인간을 사랑하려 했다는 것이 또 다른 하나의 이유이다. 「신천옹」의 '시인'에 대해서도 똑같은 말을 할 수 있다. 일상세계 혹은 뱃전을 지배하는 일의 논리, 즐거움과 쾌락을 멀리할 것을 부단히 요구하는 윤리와 규범의 논리의 관점에서 보면 도무지 받아들일 수 없을 만큼 '시인'의 정신이 자유분방하고 호젓하다는 것이 '신천옹'을 닮은 '시인'이 '뱃사공들', 혹은 세인들에게서 괴롭힘을 받은 그 하나의 이유이고, 그러한 '뱃사공들', 혹은 세인들을 향해 친근하게 다가가 한가로이 길동무가 되어 주려 했다는 것이 또 다른 하나의 이유이다.

윤리란 무엇인가? 일상세계는 왜 언제나 이미 규범화된 세계로서 우리의 실존의 절대적인 안에-있음의 세계, 어떤 밖도 허용하지 않는 순연한 내면성의 세계가 되었는가? 순연한 즐거움을 감행하는 '시인'의 존재를 예시로 삼아 우리는 이러한 물음에 대한 두 가지 상반된 해명을 발견할 수 있다. 하나는 순연한 즐거움을 추구하지 못하는 우리의 무능력이다. 역설적이게도 또 다른 하나는 순연한 즐거움을 추구할 우리의 본래적 가능성이다.

윤리 및 규범이란 본래 서로에게 해를 끼칠 '우리'의 가능성에 기인하는 것이다. 서로를 온전히 신뢰하는 존재자들은 공존을 위해 윤리 및 규범에 호소할 이유를 거의 갖지 않는다. 즉, 윤리 및 규범에 호소할 필요성이 큰 사회일수록 서로에 대한 불신이 큰 법이다. 그러나 윤리 및 규범에 호소할 이유가 적은 까닭이 서로에 대한 믿음에 있는 한에서, 서로를 온전히 신뢰하는 존재자들 역시 윤리 및 규범과 무관한 존재자들일 수 없다. 그들이 서로에 대해 지니는 믿음의 근본 대상은 서로의 윤리성인 것이다. 오직 서로를 의도적으로 해칠 가능성과 무관한 존재자들만이 윤리 및 규범과 온전히 무관한 존재자들일 수 있다. 이러한 존재자들은 심지어 서로가 서로를 해치지 않을 것이라고 믿을 이유도 없다. 서로를 의도적으로 해칠 가능성과 무관한 존재자들이기에 서로의 윤리성을 서로가 서로를 해치지 않을 그 근거로서 가질 이유도 없는 것이다. 그렇다면 '우리'는 왜 윤리적인 존재자가, 즉 서로가 서로를 의도적으로 해칠 가능성과 무관할 수 없는 그러한 존재자가 되었는가?

그 하나의 이유는 소위 도구적 지성이다. 앞서 설명한 것처럼, 사물을 자신을 위해 유용한 도구 및 무기로 이해하고 또 활용할 가능성을 지니고 있는 현존재와 공동 현존재의 함께-있음은 힘의 우열관계에 의한 위계질서가 생겨나기 어렵고, 그 때문에 윤리 및 규범이 부재한 인간의 소위 자연적인 야만 상태는 만인이 만인에 대항해서 싸우는 카오스적 상태이기 쉽다. 그러니 도구적 지성으로 인해 자신보다 강한 자를 제압할 가능성을 지니게 된 현존재는 공동 현존재와 조화롭게 공존하기 위해 윤리 및 규범의 제약을 필요로 할 수밖에 없다. 또 하나의 이유는 즐거움과 쾌락을 추구하는, 그리고 고통과 죽음은 되도록 회피하려고 하는, 현존재의 본래적 경향이다. 즐거움과 쾌락을 추구하는 경향이 없는 존재자는 물론 즐거움을 얻기 위해 남을 해칠 이유도 알지 못한다. 즉 이러한 존재자에게는 남을 해칠 가능성이 있는 욕망을 지니지 말라고 경고하는 권력의 기제로서의 규범과 윤리가 본래 불필요하다. 마찬가지로 고통과 죽음을 되도록 회피하려고 하는 경향이 없는 존재자 역시, 즐거움과 쾌락을 추구하는 강한 경향이 있다고 하더라도, 남을 해칠 가능성이 있는 욕망을 지니지 말라고 경고하는 규범과 윤리가 본래 불필요하다. 고통과 죽음을 되도록 회피하려고 하는 경향이 없기에 어떤 경우에든 규범과 윤리의 경고로 인해 즐거움과 쾌락을 추구하는 자신의 경향을 누그러뜨릴 이유가 없기 때문이다. 결국 서로에게 해를 끼칠 '우리'의 가능성에서 기인하는 것으로서의 윤리 및 규범은, 서로에게 해를 끼칠 '우리'의 가능성을 보다 세밀히 분석하는 경우, 현존재의 존재의 세 가지 특성 내지 실존방식으로 인해 생겨나는 셈이다. 그것은 첫째, 존재자의 도구성을 발견할 현존재의 역량, 둘째, 즐거움과 쾌락을 추구하는 현존재의 본래적 경향, 셋째, 고통과 죽음을 되도록 피하려고 하는 현존재의 본래적 경향이다.

이제 보들레르가 '뱃사공들'로 상징화한 '우리', 즉 일상세계에서 평균화된 현존재로서의 세인에 대해 생각해 보자. '신천옹'과 '뱃사공들' 사이에는 그 존재방식에서 근본적인 차이가 하나 있다. 전자는 기본적으로 자유롭게 노는 존재자이다. 타자조차도 신천옹에게는 친근하게 함께 놀 잠재적·현실적 친구일 뿐이다. 반면 후자는 기본적으로 노동하는 존재자이다. 그런데 노동이란 즐거움과 쾌락을 추구하는 반면 고통과 죽음은 되도록 피하려는 현존재의 본래적 경향에 반하는 것이다. 물론 현존재는 도래할 미래의 자신의 삶을 보다 안락하게 만들려고 지금 당장의 즐거움과 쾌락을 포기하고 노동이 안겨 주는 고통과 위험을 감수할 수 있다. 그러나 고통과 위험을 감수함은 분명 그 자체로 기꺼운 것일 수는 없는 법이며, 그 때문에 노동하는 존재자로서의 현존재에게는 자신에게 기껍지 않은 노동의 고통과 위험을 감수함의 가능성으로부터 되도록 벗어나려는 성향이 생겨나기 마련이다. 그렇다면 현존재는, 노동의 필요성이 분명하게 주어져 있는 경우, 어떻게 고통과 위험을 감수할 가능성으로부터 벗어날 수 있는가? 가장 기본적이고 즉각적인 방법은 물론 자신이 감당할 몫을 남에게 전가하는 것이다. 즉, 노동의 필요성으로 인해 현존재와 공동 현존재 사이의 관계는 자신이 누릴 즐거움과 쾌락의 가능성은 늘리고 반대로 자신이 겪을 고통과 죽음의 가능성은 줄이기 위해 서로를 자신을 위한 도구로서 전용하고자 하는 욕망과 의지를 지니게 된다. 바로 이러한 이유로, 노동의 필요성이란 존재론적으로 순연한 즐거움을 추구하는 현존재의 본래적인 경향을 이중의 방식으로 일그러뜨리는 원인인 셈이다. 하나는 노동하는 자로서 자신이 누릴 즐거움과 쾌락의 가능성을 늘리는 대신 고통과 죽음의 가능성을 늘리게 되었다는 열패감으로 인해 순연한 즐거움을 추구할 현존재의 본래적 경향이 이지러짐이다. 또 다른 하나는 노동할 필요성을 면제받은 일종의 승리한 존재자로서 공동 현존재의 희생의 대가로 자신이 누릴 즐거움과 쾌락의 가능성을 늘리고 반대로 자신이 겪을 고통과 죽음의 가능성을 줄이게 되었다는 상대적 우월감으로 인해 순연한 즐거움을 추구할 현존재의 본래적 경향이 이지러짐이다. 「신천옹」에 대한 필자의 존재론적 해석이 맞는다면, 바로 여기에 '뱃사공들'이 자신들의 지루하고 긴 '항해의 친근한 길동무가 되어 주려는 신천옹'을 붙잡아서 놀리고 괴롭히려 하는 근본적인 이유가 있다. '신천옹'은 '시인'의 상징인 '구름의 왕자'로서, 노동할 필요성과 더불어 살아가는 일상세계의 세인 내지 '뱃사공들' 과 달리 순연한 기쁨을 추구할 자신의 본래적 경향을 일그러 뜨릴 어떤 이유도 알지 못한다. 불행하게도 '뱃사공들'은 노동할 필요성과 더불어 살아가는 일상세계의 세인으로서, 이미 열패감과 상대적 우월감으로 인해 언제나 이미 일그러진 방식으로만 즐거움을 추구할 수 있게 된 존재자들이다. 그들에게 순연한 즐거움이란 이미 공허한 공상 속에서나 가능한 즐거움에 지나지 않는다. 그러니 지상의 어떤 인간도 감히 꿈꾸지 못할 절대적이고도 온전히 자유로운 삶의 담지자로서의 '시인'이, '구름의 왕자'인 '신천옹'이, 자신들에게 진심으로 친근할 수 있다는 것도 그들은 믿을 수 없다. '시인'은 그저 노동할 필요성을 면제받지 못한, 그리고 그런 점에서는 분명 패배자인, 자신들과 달리 노동할 필요성을 완전히 면제받은, 그리고 그런 점에서는 분명 자신들에 대해 상대적 우월감을 느끼고 있을, 위선자의 상징일 뿐이다. 말하자면, '뱃사공들' 혹은 세인의 관점에서 보면, '시인'으로서의 자기의식과 천분을 지닌 자는 모두 자기기만에 빠진 위선자일 뿐이다. 실제로 '시인'이 자기기만에 빠져 있는 위선자인지 아닌지 그들은 따질 수조차 없다. 그들은 열패감과 상대적 우월감이라는 이중의 악덕에 사로잡혀 있는 자신들의 존재에 상응하는 방식으로 생성되는 현상만을 만날 수 있고, 또 이해할 수 있기 때문이다. 언제나 이미 규범화된 일상세계에서 언제나 이미 규범화된 정신으로 살아가는 자는 누구나 다소간 공동 현존재의 간계로 인해 즐거움과 쾌락을 누릴 자신의 가능성은 줄고 반대로 고통과 죽음을 겪을 자신의 가능성은 늘게 될지 모른다는 불안과 두려움에 시달리고 있는 법이다. 그러니 노동할 필요성 및 고통과 죽음을 겪게 될 가능성에 얽매여 있는 자신들과 달리 순연하게 자유로운 존재자로서의 '시인'은, '구름의 왕자'인 '신천옹'은, 자신의 즐거움과 쾌락을 극대화하기 위해 타인들을 교묘하게 속여 넘기는 위선과 자기기만의 상징일 뿐이다.

　'시인'으로서 절대적이고도 온전한 자유를 구가하고자 하는 보들레르의 존재론적 기획은 순연한 즐거움을 추구함을 현존재의 존재의 본래적 경향으로서 발견한 정신이 필연적으로 처하게 되는 자가당착을 드러낸다. 한편으로 즐거움을 감행하는 존재자로서, 스스로 '시인'이 되기를 원하는 자는 순연한 즐거움을 향한 자신의 추구가 하나의 감행이 되어야 할 만큼 자신이 사랑해야 할 공동 현존재의 정신이 언제나 이미 일그러진 것으로서 존속해 왔다는 것을 이미 알고 있다. 그럼에도 '시인'이 되려는 자는 언제나 이미 일그러진 정신으로 자기 곁에 있는 공동 현존재를 기어이 사랑할 대상으로서 받아들이기를 포기할 수 없다. 오직 존재하는 모든 것을 그 존재 자체에서부터 절대적으로 긍정하고 사랑하려는 정신만이 순연한 즐거움을 감행하는 정신일 수 있음을 알기 때문이다.

보들레르의 세계는 어떠한 세계인가? 어떤 의미로, 보들레르의 세계 역시 실레의 세계와 마찬가지로 하나의 무덤-세계 내지 세계-무덤이다. 순연한 즐거움을 감행하려는 정신으로서, 열패감과 상대적 우월감으로 인해 언제나 이미 일그러진 모든 공동 현존재의 정신과 대립할 수밖에 없기 때문이다. 그러나 보들레르의 세계-무덤은 실레의 세계-무덤과 달리 자신의 무한성을 —어떤 종류의 밖도 지니지 않는, 그리고 그러한 이유로 유한자인 인간에게 어떤 종류의 넘어섬도 허용하지 않는— 무한의 벽으로서 지니는 세계-무덤이 아니라, 도리어 무한히 탈출을 종용하는 무한의 채찍이자 자극제로서 지니는 세계-무덤이다. 그렇기에 보들레르의 공동 현존재는 '시인'으로서의 보들레르와 외적 대립의 관계를 이루고 있으면 서도 동시에 같은 '우리'로서 절대적인 내면성의 관계를 이루고 있기도 하다. 순연한 즐거움을 감행할 역량의 결여에도 불구하고 '우리'가 자기들 안에 '시인' 보들레르를 지닐 수 있는 까닭은 아무튼 '우리' 역시, 비록 흉하게 이지러진 것이기는 하지만, 즐거움을 추구하는 존재자로 남아 있기 때문이다. 즐거움을 추구하는 본래적 경향의 존재자로서 '우리'는 근원적으로 선한 존재자인가, 아니면 근원적으로 악한 존재자인가? 존재론적 관점에서 보면, '우리'는 둘 다이다. 즐거움을 추구하는 경향이 이지러진 탓에 '우리'의 즐거움은 늘 '우리' 안의 누군가의 고통과 희생을 대가로 삼아 실현된다. 그러나 다른 한편으로, 오직 즐거움을 추구하는 존재자만이 자신이 아닌 그 누군가를 함께 즐거이 놀 친구로 발견할 수 있다. 즐거움을 추구하는 현존재의 근원적인 경향으로부터 두 개의 대립적인 경향, 즉 공동 현존재의 고통과 죽음을 희구하는 경향과 공동 현존재와 다정한 친구로서 함께 놀고자 하는 경향이 분화되어 파생되는 것이다. 그러니 보들레르의 '신'은 지고의 선의 담지자인 말 그대로의 신이기도 하고 지고의 악의 담지자인 사탄이기도 한 셈이다. 보들레르의 '신' 안에서 벌어질 선과 악의 투쟁 속에서 무엇이, 혹은 누가, 승리를 거둘지는 아무도 알 수 없다. 한 가지 분명한 것은 신과 사탄이 모두 각각의 현존재의 존재를 통해 개별화된 방식으로 서술되고 표현되는 존재의 근원적 전체성의 상징이라는 것이다. 물론 신과 사탄을 각각 완전한 선과 완전한 악의 담지자이자 행위자로 규정하는 한에서, 신과 사탄은 존재의 근원적 전체성을 가치의 이념으로 치환하는 방식으로 상징하는 셈이다.

6장 | 결론: 윤리의 이름으로 은폐된 폭력성을 극복할 유일무이한 근거로서의 존재론적 사유

순연한 즐거움을 감행할 역량의 결여로 인해 실레는 도리어 순연한 즐거움을 추구하는 성향의 근원적이고도 본래적인 현존재와 그 누구보다도 가까운 존재자가 된다

실레가 순연한 즐거움을 추구하는 성향의 근원적이고도 본래적인 현존재와 그 누구보다도 가까운 존재자가 되도록 하는 것은 문명 및 지성에 대한 비판적 이념으로서의 자연성 및 원초성과 같은 것으로 설명될 수 없다

오직 비-윤리적인 존재론의 존재사유만이 폭력으로부터 자유로울 수 있다

순연한 즐거움을 감행할 역량의 결여로 인해 실레는 도리어 순연한 즐거움을 추구하는 성향의 근원적이고도 본래적인 현존재와 그 누구보다도 가까운 존재자가 된다

아마 독자들 중에는 필자가 실레보다 보들레르를 더욱 높이 평가한다는 느낌을 받은 이들이 많을 것이다. 필자 역시 그러한 느낌이 잘못된 것이라고 말하고 싶지 않다. 필자의 관점에서 보더라도, 분명 즐거움을 감행할 역량을 지닌 자가 그렇지 못한 자보다 더 높은 정신과 기개를 지닌 자로 평가를 받아야 한다. 그러나 실레와 보들레르에 대한 필자의 글이 실레는 폄하하고 보들레르는 높이려는 의도로 작성된 것이라고 여길 필요는 없다. 존재론적 관점에서 보면, 도리어 실레가 보들레르보다 더욱 중요한 의미를 지닌 예술가일 수 있다. 왜 그러한가? 보들레르의 '시인'은 자칫 모든 현실적 존재자를 부정당해 마땅한 존재자들로 이해하게 할 이상주의적 기만과 위선으로 이어질 위험성을 안고 있기 때문이다. 오해는 하지 말자. 필자는 보들레르의 시 세계가 이상주의의 관점에서 해석될 수 있는 것이라고 여기지 않는다. 보들레르의 '시인'은

현실적인 존재자들을 영원하고 자기동일적인 완전한 존재의 이념과 대치시키지도 않고, 그럼으로써 마땅히 부정되고 무화될 것으로서 상정하지도 않으며, 자기동일적인 완전한 존재의 이념을 향해 스스로 부단히 자신을 부정할 것으로서 상정하지도 않는다. 그것은, 필자가 앞에서 밝힌 것처럼, 보들레르의 '시인'이 순연한 즐거움을 감행하는 존재자라는 점에서 분명하게 드러난다. 순연한 즐거움을 감행하는 존재자는 본래, 『파리의 우울』의 「이방인」처럼, 구름처럼 끊임없이 유랑하는 존재자일 뿐이다. 아무것도 순연한 즐거움을 감행하는 '시인'을 붙잡아 둘 수 없으며, 심지어 그에게는 반드시 가야 할 길조차도 없다. 보들레르의 '시인'이란 본래 어떤 삶의 이상에도 얽매이지 않고, 자신에게 새로운 즐거움과 쾌락을 안겨 줄 놀라운 것, 신비로운 것, 새로운 것, 아름다운 것을 향해 지금까지의 자기-아닌 그 무엇이 끊임없이 되어 갈 뿐인 존재자를 가리키는 말이기 때문이다. 그러나 존재론적으로 가장 중요한 것은 '시인'의 존재에 대한 해명과 이해 그 자체가 아니라 '시인'의 존재에 대한 해명과 이해가 현존재의 현사실적 삶에서 수행하게 될 기능과 역할이다.

　우리는 실레의 생애와 작품에 관한 이야기를 풀어 나가는 가운데 사랑과 환대의 정신이 도리어 일상세계를 지배하는 윤리 및 규범을 절대적이고 초월적인 것으로 만듦으로써 일상세계를 존재론적 도살자들의 세계로 전환하는 방향으로 작용하게 된다는 것을 확인한 바 있다. 앞에서도 강조했듯이, 필자는 결코 사랑과 환대의 정신을 단순히 부정적인 것으로 여기지 않는다. 이 말은 곧 사랑과 환대의 정신에 의해 일상세계를 지배하는 윤리와 규범이 절대적이고 초월적인 것이 되는 것도, 이로 인해 일상세계가 존재론적 도살자들의 세계로 전환되는 것도, 단순히 부정적인 현상으로 파악되어서는 안 된다는 뜻이기도 하다.

인간이란 본래적으로 선한 존재자인가, 아니면 악한 존재자인가? 인간이란 윤리와 규범으로 인해 더욱 선하고 훌륭한 존재자가 되는 것인가, 아니면 윤리와 규범의 지배를 허용한다는 바로 그러한 점에서, 규범에의 예속을 필요로 하는 악하고 보잘것없는 존재자가 되는 것인가? 이러한 물음들은 본래 어떤 궁극적인 해답도 가능하지 않은 형이상학적 물음들일 뿐이다. 솔직히, 알 게 무언가? 인간이 본래적으로 선한 존재자라고 전제한다고 해서 기꺼이 악행을 저지르는 인간들이 사라질 리도 없고, 반대로 인간이 본래적으로 악한 존재자라고 전제한다고 해서 선하고 아름다운 정신을 지닌 인간들이 사라질 리도 없다. 흔한 말로, 짐승과 인간 사이의 차이보다 인간과 인간 사이의 차이가 비교할 수도 없으리만치 크지 않은가? 성선설을 믿든, 아니면 성악설을 믿든, 아무튼 인간이 이중적 존재자라는 진실이, 인간이란 천사가 될 수도 있지만 악마가 될 수도 있는 역설적인 존재자라는 진실이, 무효가 될 리 만무하다. 존재론적으로 현존재가 언제나 이미 규범화된 일상세계에서 역시 언제나 이미 규범화된 정신으로 실존하는 존재자인 한에서, 선악의 관념이 자아내는 현존재의 이중의 가능성은 결코 무화될 수 없다. 왜 현존재는 언제나 이미 규범화된 정신으로 실존할 수밖에 없는가? 선악의 관념이 자아내는 현존재의 이중의 가능성이 결코 무화될 수 없는 현존재의 존재의 근원적이고도 본래적인 가능성인 까닭은 대체 무엇인가? 그것은 바로 현존재가 즐거움을 추구하는 존재자라는 존재론적 진실 때문이다.

즐거움을 추구하는 존재자로서, 현존재의 존재는 고통과 죽음을 피하려는 근원적인 경향 속에 머물게 되며, 이로 인해 즐거움을 가져다주는 것은 자신을 위해 좋은 것으로서의 선으로, 반대로 고통과 죽음을 가져다주는 것은 자신을 위해 나쁜 것으로서의 악으로 이해하는 성향 또한 지니게 된다. 아마, 예컨대 칸트식의 엄격주의적 윤리관을 선호하는 독자들 가운데서는, 필자가 일종의 쾌락주의적 관점에서 선악을 상대화한다는 느낌을 받은 이가 있을지도 모르겠다. 그러나 실은 엄격주의적 윤리관 역시 현존재란 본래적으로 즐거움을 추구하는 존재자라는, 그리고 바로 그 때문에 고통과 죽음은 피하려고 하는 존재자라는, 존재론적 진실에서 출발한다. 그렇지 않다면, 참된 의미의 덕이란 자신의 행복과 즐거움, 이익을 추구하는 정신과 양립할 수 없는 것이라는 식의 윤리적

신조를 강조할 필요가 대체 어디에 있겠는가? 인간이란 이성적 존재자로서 이성의 명령에 무조건적으로 따라야만 하는가? 이런 식의 물음은 존재론적으로 긍정될 수도, 부정될 수도 없는, 본질적으로 형이상학적인 물음이고, 바로 그러한 것으로서 하나의 난센스에 불과하다. 여기서 난센스란 조롱의 의미를 지니지 않는다. 다만 존재론적 진실로서 확정될 수도 없고, 반대로 존재론적 허위로서 확정될 수도 없는 성격의 의미라는 것을 가리킬 뿐이다.

현존재란 본래 즐거움을 추구하는 존재자라는 존재론적 진실은, 현존재란 언제나 이미 규범화된 일상세계에서 역시 언제나 이미 규범화된 정신으로 실존하는 존재자라는 또 다른 존재론적 진실과 맞물려, 즐거움을 추구하는 현존재의 경향이란 언제나 이미 다소간 추하게 이지러져 있기 마련이라는 또 다른 존재론적 진실로 이어진다. 인간은 오직 자신을 위한 유불리의 문제를 초월하는 경우에만, 설령 자신에게 참혹한 고통과 죽음을 야기하게 된다고 하더라도 늘 이성이 옳다고 알려 주는 것을 빠짐없이 실천하는 경우에만, 참으로 덕이 있는 존재자일 수 있다는 식의 엄격주의적 윤리관 역시 바로 이와 유사한 문제의식에서 출발하는 것일 수밖에 없다. 즐거움을 추구하는 현존재의 경향이 언제나 이미 다소간 추하게 이지러진 것인 한에서, 즐거움을 추구하는 현존재의 경향은 그 자체로 현존재가 윤리 및 규범의 제약을 받아야 할 근거와 이유가 된다. 그러니, 필자가 앞서 강조한 것처럼, 사랑과 환대의 정신이 도리어 일상세계를 지배하는 윤리 및 규범을 절대적이고 초월적인 것으로 만듦으로써 일상세계를 존재론적 도살자들의 세계로 전환하는 방향으로 작용하게 된다는 것을 부정적으로만 여길 필요는 없다. 이지러진 즐거움을 추구하는 공동 현존재에 의해 부당하게 고통을 당하거나 죽임을 당하는 일이 없으려면, 나는 비윤리적인 공동 현존재를 윤리 및 규범의 이름으로 심판하고 처벌할 존재론적 도살자가 되어야 한다. 물론 그 역도 마찬가지이다. 이지러진 즐거움을 추구하는 나에 의해 부당하게 고통을 당하거나 죽임을 당하는 일이 없으려면, 나의 공동 현존재 역시 비윤리적인 나를 윤리 및 규범의 이름으로 심판하고 처벌할 존재론적 도살자가 되어야 하는 것이다.

그렇다면 우리는 무엇을 어떻게 해야 하는가? 일상세계가 잠재적·현실적 도살자들의 세계라는 존재론적 진실로부터 어떤 부조리극이나 잔혹극이 펼쳐 내는 암담하고 음울한 참상 같은 것을 떠올릴 필요는 없다. 혹시 그러한 독자가 있다면, 이 글의 논의를 적확하게 이해하지 못했을 가능성이 크다. 현존재의 존재의 근원적 지반인 일상세계를 긍정적으로 평가할 것인가, 아니면 부정적으로 평가할 것인가의 문제는 일상세계에 관한 이 글의 존재론적 논의와 아무 상관도 없다. 긍정적인 일상세계이든, 아니면 부정적인 일상세계이든, 대다수의 인간들이 그 안에서 기쁘고 평온하게 살도록 하는 일상세계이든, 아니면 대다수의 인간들이 그 안에서 슬픔과 절망에 휩싸여 살도록 하는 일상세계이든, 존재론적으로 모든 종류의 일상세계는 언제나 이미 규범화된 세계라는 근본 특징을 지닌다. 이는 곧 모든 종류의 일상세계에서, 주로 기쁜 삶을 가능하게 하는 것이든, 아니면 주로 슬픈 삶을 가능하게 하는 것이든 상관없이, 현존재와 공동 현존재가 서로에 대한 잠재적·현실적 도살자로서 실존한다는 것을 뜻한다.

이제 다시 보들레르와 실레에 관한 이전의 논의로 돌아가 보자. 순연한 즐거움을 감행할 역량을 지닌 보들레르보다 그렇지 못한 실레가 존재론적으로 오히려 더욱 중요할 수 있는 까닭은 무엇인가? '시인'을 꿈꾸는 보들레르와 달리 실레는 모든 인간을 사랑하려는 소망과 의지에 의해 규정될 수 없기 때문이다. 이는 실레에게 모든 인간을 사랑하려는 소망과 의지가 없었다는 단언이 아니다. 다만 실레의 생애와 작품 세계는 실레가 모든 인간을 사랑하려는 소망과 의지를 지니고 있었음을 분명하게 드러내지 않는다는 것뿐이다. 실은 그 반대이다. 실레의 '성모' 이미지가 암시하는 것처럼, 실레의 회화는 도리어 그가 자신을 주로 공동 현존재와의 분열과 대립 속에서 바라보았음을 드러낸다.

상식적으로 보면, 모든 인간을 사랑하려는 소망과 의지를 지닌 자의 정신이 모든 인간과의 분열과 대립 속에 머무는 자의 정신보다 분명 아름답다. 그러나 존재론적으로 보면, 모든 인간을 사랑하려는 소망과 의지야말로 현존재와 공동 현존재 사이의 관계를 서로에 대한 잠재적·현실적 도살자들 사이의 관계로 만들어 버리는 그 근거이자 원인이다. 모든 인간을 사랑하려는 소망과 의지를 지닌 정신은 모든 인간을 사랑하고 환대하려는 정신이고, 그런 한에서 스스로 절대적이고도 초월적인 윤리 및 규범의 가능 근거로서 실존하는 정신이기도 하다. 실레의 회화가 존재론적으로 매우 각별한 의미를 지니게 되는 이유가 바로 여기에 있다.

실레의 회화는 존재론적으로 하나의 탁월한 표본이다. 실레의 회화를 통해 언제나 이미 규범화된 세계로서의 일상세계는 하나의 세계-무덤이라는 존재론적 진실이, 그 안에서는 누구도 윤리 및 규범의 이름으로 육체적이거나 사회적인 죽임을 당하게 될 가능성으로부터 자유로울 수 없다는 존재론적 진실이, 모두가 서로에 대해 잠재적·현실적 도살자로서 존재할 수밖에 없다는 존재론적 진실이, 매우 분명하게 드러나기 때문이다. 어떤 관점에서 보면, 보들레르의 시 역시 하나의 탁월한 표본이다. 보들레르의 시를 통해 현존재란 본래적으로 '시인'이기를 지향하는 존재자라는 존재론적 진실이, 그럼에도 언제나 이미 규범화된 일상세계에서는 모두가 평균화된 세인으로서, 언제나 이미 규범화된 정신으로 실존하는 자신의 정신으로 인해 자기기만에 빠져 있는 존재자로서, 존재한다는 존재론적 진실이 매우 분명하게 드러나는 것이다. 아마 즐거움을 추구하는 현존재의 경향이 윤리 및 규범과의 관계 속에서 언제나 이미 다소간 추하게 일그러져 있음을 보들레르의 시보다 심오하고 적확하게 묘사한 작품은 없을 것이다. 그러나 보들레르의 시 세계에서는 일상세계란 서로에 대한 잠재적·현실적 도살자들이 모여 있는 곳이라는 존재론적 진실이 다소간 감추어져 있기도 하다. 바로 '시인'을 향한 보들레르의 꿈 때문이다.

'시인'이란 누구인가? 자신에 대한 세상의 부단한 박해와 몰이해에도 불구하고 모두를 사랑하려는 소망과 의지를 자신의 본래적인 존재방식으로서 지니는 존재자이다. 세인들이 자신의 사랑을 받아들일 준비가 되어 있지 않음을 알고 난 뒤 시인은 홀연히 일상세계 밖으로 나아가 스스로 온전하게 아름다운 존재자가 될 결의를 품는다. 이러한 점에서 보들레르의 '시인'은 분명 니체의 초인을 닮았다.

초인이란 누구인가? 인간 이상의 존재가 되어 인간이 부재한 삶, 산속에서 홀로 지내는 고독한 삶을 기쁨으로 즐길 수 있게 되었음에도 불구하고 지극한 인간 사랑 때문에 스스로 자신의 몰락을 선택한 자이다. 초인은 왜 '군중'이라는 말로 대변되는 대다수의 인간들을 멀리하게 되었는가? 스스로 자신의 몰락을 선택하도록 한 인간 사랑이 변질되거나 사라져 버렸기 때문이 아니라 초인의 사상을 받아들일 준비가 되어 있지 않은 현재의 인간들로부터 눈길을 돌려 장차 출현할 먼 미래의 고차원적인 인간을 사랑하기로 결의했기 때문이다. 그것은 인간을 사랑하는 최선의 방식이기도 하다. 먼 미래의 고차원적인 인간을 사랑하는 자만이 지금의 인간이 보다 고차원적인 존재가 될 수 있도록 마음 쓸 수 있기 때문이다.

보들레르의 '시인' 역시 그러하다. '시인'이 홀연히 일상세계 밖으로 나아가 완전하고도 지고한 아름다움의 담지자가 될 결의를 품은 것은 결코 모든 인간을 사랑하려는 마음이 소멸해 버렸기 때문이 아니다. '시인'은 다만 언제나 이미 규범화된 일상세계에서 역시 언제나 이미 규범화된 정신으로 실존하는 모든 인간으로 하여금 —이지러진 방식으로 즐거움을 추구하는 일상적 경향으로부터 되돌려— 순연한 기쁨을 추구하는 법을 다시 발견하게 하려 할 뿐이다. 바로 이러한 목적을 위해 '시인'은 스스로 찬란한 삶의 모범이 되어야 한다. 니체의 초인이 군중을 떠난 것이 먼 미래의 인간을 향한 사랑 때문이었듯이, 보들레르의 '시인' 역시, 스스로 순연한 즐거움의 가능성을 발견하고 실현하는 아름다운 삶의 모범이 됨으로써, 먼 미래의 인간들이 찬란한 존재가 되기를 희구했을 뿐이다. 즉, 보들레르의 '시인'은 무조건적이고 절대적인 살림을 향한 소망과 의지의 상징이며, 그런 한에서 무조건적이고 절대적인 사랑과 환대의 상징이기도 하고, 바로 이러한 이유로 '시인'의 꿈을 중심으로 전개되는 보들레르의 시 세계에서는 서로에 대한 잠재적·현실적 도살자들이 모여 있는 세계로서의 일상세계의 존재론적 진실이 다소간 감추어져 있을 수밖에 없는 것이다.

　이제 즐거움을 감행할 역량의 결여에도 불구하고, 혹은 바로 이러한 무-능력으로 인해, 실레가 존재론적으로 보들레르보다 더욱 중요한 예술가일 수 있는 이유가 무엇인지 분명히 밝혀졌다. 우리는 앞에서 보들레르의 '신'은 지고의 선의 담지자인 말 그대로의 신이기도 하고 지고의 악의 담지자인 사탄이기도 하다는 것을 살펴본 바 있다. 신과 사탄을 각각 가장 근원적이고도 절대적인 존재를 가리키는 이름으로 이해하는 경우, 양자는 모두 각각의 현존재의 존재를 통해 개별화된 방식으로 서술되고 표현되는 존재의 근원적 전체성의 상징이다. 앞에서 확인한 것처럼, 즐거움을 추구하는 현존재의 경향 자체가 선의 이념의 가능 근거이기도 하고, 악의 이념의 가능 근거이기도 하기 때문이다. 물론, 신과 사탄을 각각 완전한 선과 완전한 악의 담지자이자 행위자로 규정하는 한에서, 신을 부르짖는 자와 사탄을 부르짖는 자는 모두 각각 상반된 방식으로 존재의 근원적 전체성을 가치의 이념으로 치환하는 셈이다. 그러나 존재란, 하이데거가 자신의 존재론의 근본 명제의 하나로 제시한 바와 같이, 가치로 환원될 수 없는 것이며, 실은 존재의 가치로의 환원이야말로 존재에 대한 형이상학적 폭력의 본질이라고 볼 수 있다. 즉, 보들레르의 시 세계는, 종래의 형이상학적 시론 및 예술론과 날카롭게 대립하는, 그리고 이러한 점에서 분명 현대적인 것임에도 불구하고, 형이상학적 폭력으로부터 온전히 자유롭지 못하다. 역설적으로 표현하자면, 보들레르처럼 언제나 이미 규범화된 일상세계 안에서 자유로이 몽상하고자 하는 정신, 스스로 구름이 되어 유유자적하게 떠돌고자 하는 정신은, 일상세계란 그 규범적 의미연관으로 인해 순연한 즐거움의 추구를 허용하지 않는 세계라는 바로 그러한 이유로, 스스로 절대적이고 초월적인 선의 이념 및 절대적이고 초월적인 악의 이념의 가능 근거가 되어 버리고 만다. 순연한 즐거움을 감행함이란 순연한 즐거움의 실현을 가능하게 하거나 반대로 불가능하게 할 근거로서 자신이 세계 안에서 만나게 되는 이런저런 존재자들의 존재를 해석하고 이해함을 전제하는 것이기 때문이다. 순연한 즐거움의 실현을 가능하게 하는 것은, 순연한 즐거움을 감행할 결의의 존재자의 관점에서 보면, 그 자체로 하나의 순연한 선이다. 이러한 점에서, 현존재란 순연한 선의 담지자일 가능성의 존재자인 셈이다. 즉, 순연한 즐거움을 감행할 결의의 존재자는, 모든 인간을 순연한 선의 담지자일 가능성의 존재로 본다는 점에서, 스스로 모든 인간의 존재에 대한 절대적이고 초월적인 선(함)의 이념의 가능 근거가 된다. 그러나 인간은 분명 이중적 존재자이다. 장차 도래할 미래에 순연한 선의 담지자일 가능성을 자신의 무화할 수 없는 근원적이고도 본래적인 가능성으로 지니고 있음에도, 현존재란 언제나 이미 규범화된 일상세계에서 다소간 일그러진 방식으로 즐거움을 추구하는 존재자일 수밖에 없다. 즉, 현존재는 순연할 즐거움을 추구할 결의의 존재자에게 그 결의의 실현을 가로막는 훼방꾼으로 실존하는 존재자이다. 바로 이러한 의미로, 순연한 즐거움을 추구할 결의의 존재자는 바로 이러한 자신의 결의로 인해 모든 인간을 순연한 즐거움의 실현을 불가능하게 하는 본래적 악과 더불어 발견하게 된다. 물론 모든 인간을 그 본래적 악과 더불어 발견함은 모든 인간을 부정하고 무화하고자 하는 은밀하거나 노골적인 소망과 의지의 표현이고, 그런 한에서 절대적이고 초월적인 악(함)의 가능 근거이다. 즉, 언제나 이미 규범화된 일상세계란 순연한 즐거움을 감행할 결의의 존재자를 절대적이고 초월적인 선의 이념의 가능 근거이자 절대적이고 초월적인 악의 이념의 가능 근거로 실존하도록 하는 본래적으로 부조리한 세계이다.

하지만 실레의 '성모' 이미지를 통해 회화적으로 구현된 세계-무덤은 본래적으로 감행을 불허하는 세계이다. 실레가 창조해 낸 '성모' 이미지들 가운데 자신이 자식과 함께 전체로서의 세계와 외적 대립의 관계를 형성하고 있음을 의식하고 세계 안의 우리 모두를 향해 경계의 시선을 보내는 '성모' 이미지가 포함되어 있다는 것을 근거로 삼아 실레의 세계-무덤 역시 감행을 허락하는 세계일지 모른다는 식으로 의심할 필요는 없다. 세계란 존재의 근원적으로 무한한 전체성의 이념을 함축하는 것이고, 이 때문에 현존재는 존재자를 오직 세계에 속한 것으로서만 파악할 수 있다. 전체로서의 세계를 향해, 세계 안에 머무는 공동 현존재 모두를 향해, 경계의 시선을 보내는 현존재는 무한이라는 이름의 벽을 지닌 감옥 안의 수인囚人일 뿐이다. 그는 자신이 그 안에서 머물 수밖에 없는 세계의 무한성과 대립하는 역설적이고 자가당착적인 존재자이며, 바로 그러한 이유로 선을 지향할 수도, 반대로 악을 지향할 수도 없는 무능력의 존재자이다. 달리 말해, 실레의 회화 속에서 드러나는 무덤으로서의 세계, 즉 세계-무덤은 세계 안에서 자신이 만나게 되는 그 누구와도 선으로 규정될 수 있는 관계도, 반대로 악으로 규정될 수 있는 관계도 맺을 수 없는 실레의 무능력의 표현이다.

물론 실레와 달리 우리 모두는 실레와 선으로 규정될 수 있는 관계를 맺을 수도 있고, 반대로 악으로 규정될 수 있는 관계도 맺을 수 있다. 우리는 실레의 인간성을, 그의 예술 세계를, 삶을 위해 좋은 것으로 평가할 수도 있고, 반대로 삶을 위해 나쁜 것으로 평가할 수도 있다. 그런데 바로 이것이 실레의 세계-무덤이 하나의 탁월한 표본인 까닭이다. 현존재의 근원적 존재지반인 일상세계가 세계-무덤으로서의 성격을 띨 수밖에 없는 것은 일상세계가, 그 안에서 실존하는 현존재의 정신이, 언제나 이미 규범화되어 있기 때문이다. 일상세계를,

또 현존재를, 언제나 이미 규범화된 것이 되도록 하는 것은 무엇인가? 바로 윤리 및 규범에 입각해서 사유하고 심판할 현존재의 능력이다. 물론 존재론적으로 현존재의 —주체적— 능력보다 더욱 근원적인 것은 현존재의 존재이다. 우리가 사물의 형상과 색을 보게 되는 까닭은 무엇인가? 우리에게 사물의 형상과 색을 보도록 하는 눈이 있다는 것이 그 하나의 이유이고, 자신이 감각한 것을 근거로 삼아 사념할 수 있는 정신이 있다는 것이 또 다른 하나의 이유이다. 즉, 우리에게 사물의 형상과 색을 보게 하는 감관적·사유적 능력이 있다는 것이 우리가 사물의 형상과 색을 보게 되는 그 원인이다. 그러나 사물의 형상과 색은 우리가 무로부터 창조해 내는 것이 아니다. 사물의 형상과 색을 보려면 사물과 시지각적으로 관계를 맺을 수 있는 특별한 존재자로서의 나 자신이 우선 존재해야 하고, 나 자신의 존재를 통해 내가 형상과 색을 지닌 것으로서 감각하고 이해할 어떤 존재자와의 만남의 사건이 일어나야 한다. 결국 윤리 및 규범에 입각해서 사유하고 심판할 현존재의 능력으로 인해 일상세계 및 현존재의 정신이 규범화된다는 말은 현존재의 존재 자체가 규범화의 근원적 가능 근거라는 의미를 함축하는 셈이다. 그렇다면 실레의 무능력을 우리는 어떻게 이해해야 하는가? 실레는 윤리 및 규범에 입각해서 사유하고 심판할 능력의 완전한 결여에 의해 규정되어야 할 예외적인 현존재인가? 물론 그럴 수 없다. 실레의 무능력 자체가 자신의 공동 현존재를 자신의 존재를 부정하고 무화할 잠재적·현실적 도살자로서 이해함에서 기인하는 것이기 때문이다. 달리 말해 실레의 무능력은, 실레의 심판하는 정신이, 일상적 현존재의 심판하는 정신의 근원적인 자가당착과 모순을 발견하고 본래적으로 무가치한 것으로 심판함으로 인해 생성되는 것이다. 실레의 무능력은 그가 적어도 한 가지 점에서는 다른 모든 인간보다 존재론적으로 탁월하다는 것을 드러낸다. 실레는, 그의 무능력을 통해 드러나듯이, 언제나 이미 규범화된 정신으로 실존하는 현존재의 규범적으로 심판할 능력을 상실할 위기에 처해 있는 존재자이다. 그렇기에 실레는 일그러진 즐거움을 추구할 존재론적 이유를 가장 적게 가진 존재자이기도 하다.

실레가 순연한 즐거움을 추구하는 성향의 근원적이고도 본래적인 현존재와 그 누구보다도 가까운 존재자가 되도록 하는 것은 문명 및 지성에 대한 비판적 이념으로서의 자연성 및 원초성과 같은 것으로 설명될 수 없다

우리는 현존재에 관한 세 가지 존재론적 진실을 발견한 바 있다. 첫째, 현존재는 본래적으로 즐거움을 추구하는 존재자이다. 둘째, 현존재는 언제나 이미 규범화된 일상세계에서 그 자신 역시 언제나 이미 규범화된 정신으로 실존하는 존재자이다. 셋째, 현존재는 —이 두 가지 존재론적 진실로부터 필연적으로 따라 나오는 결론으로서— 다소간 일그러진 방식으로 즐거움을 추구하게 된 존재자이다. 보들레르의 「독자에게」의 표현을 차용하자면, 현존재란 본래 '비겁한 회한'의 정신으로 실존하는 존재자일 수밖에 없는바, 이는 현존재의 언제나 이미 규범화된 정신 자체가 순연한 즐거움을 추구할 수 없는 현존재의 실존론적 상황의 표현이기 때문이다. 왜 현존재는 '비겁한 회한'의 정신으로 실존하는 존재자일 수밖에 없는가? 본래적으로 즐거움을 추구하는 존재자이기도 하고, 심판할 역량의 존재자이기도 하기 때문이다. 심판할 능력이 있는 존재자인 현존재는 자신과 공동 현존재 모두에 대한 심판자로서 존재하는 존재자이며, 바로 이러한 이유로 자신과 공동 현존재 모두에게 부단히 양심의 가책을 가하는 일종의 사디스트이다. 물론 현존재는 사디스트로서도 순수할 수 없다. '비겁한 회한'을 즐기는 존재자로서, 현존재는 자학적 존재자이기도 하고, 마조히즘적 존재자이기도 하다.

사디스트란 어떠한 존재자인가? 물론 타자를 학대함으로써 즐거움과 쾌락을 얻는 존재자이다. 마조히스트란 어떠한 존재자인가? 타자가 자신을 학대함을 즐거움과 쾌락의 가능성으로 발견하는 존재자이다. 자신을 학대하는 존재자는 어떠한 존재자인가? 자신을 학대함으로써 비열한 즐거움과 쾌락을 얻는 자일 수도 있고, 반대로 삶에의 의욕을 잃어버리고 그저 이울어 갈 뿐인 정신의 소유자일 수도 있다. 그렇다면 현존재란, 사디스트로서이든, 마조히스트로서이든, 혹은 자학하는 자로서이든, 근원적으로 삶에 적대적인 존재자라는 결론이 나오는 셈이다. 사디스트와 마조히스트, 그리고 자신을 학대함으로써 비열한 즐거움과 쾌락을 얻는 자는 순연한 즐거움을 추구할 가능성이 삶에서 사라지게 한다는 점에서 삶에 적대적이고, 삶에의 의욕을 잃어버리고 그저 이울어 갈 뿐인 정신의 소유자는 삶을 방기하는 자라는 점에서 삶에 적대적이다.

물론 원한다면, 사디즘이나 마조히즘의 욕망을 지성적 인간의 이념에 이끌리는 자아의 한계로부터 벗어나 어떤 시원적 충동과 욕구를 되찾을 무의식적 결의의 표현과 같은 것으로 규정해 볼 수도 있을 것이다. 순연한 즐거움을 감행할 결의의 존재자에게 규범 및 규범이 금하는 모든 것과 순연한 즐거움을 감행하지 못할 만큼 약하고 병든 모든 것은 단호하게 학대하고 부정할 그 대상이 되어야 한다. 그런 점에서 현존재란, 순연한 즐거움을 추구하려는 경향이 온전히 무화될 수 없는 현존재의 본래적 경향으로서 파악되는 한에서, 사디스트로 존재하고자 하는 결의의 존재자이기도 하다. 마찬가지로 순연한 즐거움을 감행할 결의의 순간 앞에서 망설이고 불안에 사로잡히는 나의 약한 자아 역시 단호하게 학대하고 부정할 그 대상이 되어야 한다. 그런 점에서 순연한 즐거움을 추구하려는 현존재의 본래적인 경향은 언제나 이미 규범화된 일상세계에서 역시 언제나 이미 규범화된 정신으로 실존하는 현존재를 잠재적·현실적 마조히스트로 부단히 전환해 나가는 생의 충동이기도 한 셈이다.

그러나 이러한 가정이 사디즘 및 마조히즘을 삶에 적대적인 경향으로 규정할 수 없도록 하는 것은 아니다. 거칠게 말하자면, 이러한 가정은 사디즘과 마조히즘을 각각의 현존재로서 개체화된 삶에 대한 부단한 적대성을 통해 자신의 지속 가능성을 도리어 증가시켜 나가는 어떤 형이상학적 존재로서의 삶의 운동으로 상정하는 셈이다. 하나의 개체적 존재자를 통해 개별화된 형이상학적 존재로서의 삶이 자신의 원초적 욕망과 의지에 상충하는 방향으로 형성된 개체적 존재자의 성향을, 개체적 존재자의 의식의 관점에서 보면 무의식적인 방식으로, 부정하고 무화해 나간다는 식이다. 그러나 현존재란 언제나 이미 규범화된 정신으로 실존하는 존재자라는, 그리고 이러한 이유로 현존재에게는 삶의 원초적 욕망과 의지에 상충하는 방향으로 형성된 성향이 언제나 이미 마련되어 있다는 점에서 보면, 형이상학적 존재로서의 삶의 원초적 욕망과 의지란 윤리적 존재자로서의 현존재를 그 전체에서 부정하고 무화하고자 하는 일종의 반反-윤리적 윤리의 가능 근거인 셈이다.

물론 반-윤리적 윤리 역시 하나의 윤리로서 자신에 상응하지 않는 방식으로 존재하는 존재자를 부정당해 마땅한 것으로서 심판할 그 근거로 작용하는 것이며, 그런 한에서, 그것이 부정하는 일상세계의 ―지성화된 현존재의 정신을 위한― 윤리 및 규범과 마찬가지로, 현존재로 하여금 자신과 공동 현존재에 대한 잠재적·현실적 도살자로서 존재하도록 하는 하나의 권력 기제이다. 존재론의 관점에서 보면, 문명 및 지성과 근원적으로 대립적이거나 상이한 것으로서 어떤 자연적·원초적 삶의 충동과 의지를 상정하는 것 역시 현존재의 실존적 삶을 윤리적으로 심판하고 부정할 이유를 제시하는 것과 같은 것일 수밖에 없다는 뜻이다. 물론, 필자가 이미 강조한 바 있듯이, 현존재와 공동 현존재가 서로에 대한 잠재적·현실적 도살자로서 존재하도록 하는 것이 현존재와 공동 현존재에게 반드시 부정적인 것이라고 볼 필요는 없다. 다시 말해, 자연성 및 원초성의 이념을 상정함 역시 반-윤리적 윤리를 세움과 같다는 필자의 주장은 자연성 및 원초성의 이념에 대한 단순한 부정과 비판을 의도하는 것이 아니라는 뜻이다. 필자는 다만 자연성 및 원초성의 이념을 지성 및 문명에 대한 비판 목적으로 상정하는 경우 발생하기 쉬운 오해에 관해 말하고자 할 뿐이다. 문명 및 지성과 근원적으로 대립적이거나 상이한 것으로서 어떤 자연적이거나 원초적인 삶의 충동과 의지를 상정하는 것이 ―그것이 반-윤리로서의 윤리를 세움과 같다는 점을 간과하고— 지성과 윤리, 규범 등에 대한 단순한 부정과 무화의 의미를 지닌다는 식의 생각이 그것이다.

자연성이나 원초성과 같은 —필자의 관점에서 보면 분명 형이상학적인 성격의— 이념은, 문명 및 지성에 대한 비판의 의미를 함축하는 것으로서 통용되는 한에서는, 본래 현존재의 현사실적 삶에 대한 부정과 비판의 의미를 지니는 것으로서 제기되는 것이다. 물론 자연성 및 원초성으로 특징될 수 있는 삶과 존재의 어떤 근원적 본성과 화해하는 것이 보다 원만하고 아름다운 인격의 형성을 가능하게 한다는 식으로 생각하는 경우, 자연성 및 원초성의 이념을 통한 문명 및 지성에 대한 비판은 현존재를 위해 긍정적이라고 볼 수도 있을 것이다. 그러나 존재론적으로 간과해서는 안 될 것은 —언제나 이미 지성화된, 언제나 이미 문명화된, 그리고 언제나 이미 규범화된 것으로서 규정될— 현존재의 현사실적 삶에 대한 모든 비판은 지금의 현존재가 보다 나은 존재가 되기 위해 부정되고 무화될 것으로서 파악되어야 함을 암묵적으로 전제한다는 것이다. 바로 이러한 이유로 문명 및 지성, 그리고 문명화된 지성의 윤리성과 규범성에 대한 비판으로서 원초성이나 자연성 같은 이념을 제기하는 것은, 앞에서 살펴본 것처럼, 반-윤리로서의 윤리를 세우는 것과 같고, 그런 한에서 현존재로 하여금 자신과 공동 현존재에 대한 잠재적·현실적 도살자로서 존재하도록 하는 하나의 권력 기제를 확립함과 같은 효력을 지니게 되는 것이다. 그러나 이로부터 자연적이거나 원초적인 삶의 충동과 의지를 상정해서는 안 된다는 윤리적 요구가 따라 나온다는 식으로 오인해서는 안 된다. 현존재와 공동 현존재가 서로에 대한 잠재적·현실적 도살자로서 존재함이란 존재론적으로 현존재의 현사실적 삶의 근원적 가능 근거의 하나이기 때문이다. 다만 자연적이거나 원초적인 삶의 충동과 의지의 상정이 현존재로 하여금 새로운 관점에서 자신과 공동 현존재의 존재를 심판하고 부정할 이유를 발견하게 한다는 것은 존재론적으로 부정될 수 없다. 경우에 따라서는 이러한 상정 자체가 현존재의 존재에 대한 격렬한 증오와 분노로 이어질 수도 있을 것이다. 이 경우 현존재의 존재를 통해 지성적인 것으로서 생성된 삶은 오직 지성적인 삶의 존재자인 현존재만이 제기할 수 있는 삶의 근원적 자연성 내지 원초성의 이념에 의거해 절멸당해 마땅한 것으로 규정되는 자가당착적인 상황과 만나게 된다.

실레의 무능력이 존재론적으로 매우 각별한 의미를 지니는 까닭이 바로 여기에 있다. 자신의 무능력으로 인해, 무한성의 벽을 지닌 세계-무덤 안에서 영원한 수인으로 존재하게 됨으로 인해, 실레는 도리어 삶에 대한 적대적인 성향을 그 누구보다도 적게 지닌 특별한 존재자가 되었다. 아니, 엄밀히 말해, 실레로 하여금 삶에 대한 적대적인 성향이 가장 적은 존재자가 되도록 한 것은 세계-무덤의 수인임에도 불구하고 즐거움을 추구하기를 멈추지 않았다는 바로 그 점에 있다. 그가 추구한 즐거움이 온전한 의미로 순연한 것이었는지 판단하기는 불가능하다. 한편으로, 실레가 보들레르와 달리 순연한 즐거움을 감행할 역량을 결여한 자였다는 점에서 보면, 그가 추구한 즐거움은 순연한 즐거움으로서 규정될 수 없다고 보아야 한다. 그러나 실레의 무능력은 즐거움을 추구하는 그의 방식이 존재론적으로 다른 그 누구의 방식보다도 덜 일그러진 것이었음을 알리기도 한다. 언제나 이미 규범화된 일상 세계를 세계-무덤으로 해석하고 이해하는 존재자란, 언제나 이미 규범화된 정신으로 실존하는 모든 존재자 가운데서, 언제나 이미 규범화된 자신의 일상적 정신으로부터 가장 멀리 떨어져 있는 정신일 것이기 때문이다. 물론 자신의 일상적 정신으로부터 가장 멀리 떨어져 있는 정신은 현존재의 본래적 자기에 가장 가까운 정신이기도 하다. 그런 점에서, 세계-무덤의 수인임에도 불구하고 즐거움을 추구하기를 멈추지 않은 실레의 생애는 언제나 이미 규범화된 일상성의 경향으로부터 본래적 자기를 되찾을 결의의 순간의 부단한 연속이었다고 볼 수도 있을 것이다.

오직 비-윤리적인 존재론의 존재사유만이 폭력으로부터 자유로울 수 있다

이제 마지막으로 이 글에서 제기된 여러 존재론적 명제 가운데 가장 중요한 것에 관해 생각을 정리해 보자. 그것은 통념적 관점에서 보면 폭력의 대척점에 있는 사랑과 우정, 환대의 정신조차 실은 은밀하고도 집요한 방식으로 작용하는 폭력의 가능 조건이라는 명제이다.

왜 이런 문제가 생길까? 사랑과 환대의 정신이 도리어 엄혹한 심판을 정당화하는 방향으로 작용하는 까닭은 무엇인가? 우리는 사랑과 환대의 정신을 선한 것이 아니라 도리어 악한 것으로 여겨야 하는가? 물론 그럴 수 없다. 중요한 것은 사랑과 환대의 정신을 법과 윤리의 이름으로 행사되는 폭력으로부터 최대한 자유롭게 만들 가능성을 발견하고 실현하는 일이다.

아마 혹자는 의문을 품을 것이다. 사랑과 환대의 정신이 도리어 폭력의 근거가 된다는 식의 주장은 궤변에 불과한 것이 아닐까? 그러나 조금만 생각해 보면, 사랑과 환대의 정신이 무시무시한 증오와 분노로 이어지는 일이 흔해 빠진 일상사에 속한다는 것을 곧 알게 된다. 나와 아무 상관도 없는 남이 내 편을 들어 주지 않는다고 큰 증오와 분노를 느끼는 것은 우스운 일이다. 나와 별로 친하지도 않은 사람이 꼭 내 편을 들어야만 하는 이유가 대체 어디 있단 말인가. 그러나 친구나 연인, 혹은 가족 등 나와 친밀한 자가 내 편을 들어 주지 않으면 대번 큰 증오와 분노를 느끼기 쉽다. 나와 순연하게 적대적인 관계를 맺고 있는 자가 나를 모욕하거나 해치려 하는 경우 내 안에서 일어나는 맹렬한 적개심은 윤리적 심판과 결부된 증오나 분노와 매우 다른 감정이다. 그것은 다만 맹수가 맹수를 상대해서 싸울 때 나타나는 사나움과 같은 것일 뿐이다. 그러나 내가 사랑으로 대하는 자가, 내가 연인이나 친구로서 환대한 자가, 나를 모욕하거나 해치려 하는 경우 내가 느끼게 되는 증오와 분노는 단순한 적개심이나 사나움의 표현이 아니다. 이때 나에게 그는 분명 윤리적으로 부당한 자이며, 따라서 처벌받아 마땅한 자이다. 설령 내가 큰 사랑의 정신을 발휘해서 그를 용서한다고 하더라도 그가 본래 처벌받아 마땅한 자라고 여기는 내 심판의 정신이 무화되는 것은 아니다. 실은 그 반대이다. 용서란 오직 심판의 정신에 의해서만 행해질 수 있는 것이다.

이러한 문제는 기본적으로 윤리가 자신과 타자 사이에 형성된 외적 대립의 관계를 전제하는 것이기 때문에 생겨나는 것이다. 분명 사랑과 환대의 정신은 자신과 타자가 사랑과 우정 안에서 하나라는 것을, 혹은 하나가 되어야 한다는 것을 일깨운다. 그럼에도 우리 안에서 윤리적 규범에 입각한 심판의 정신이 온전히 무화되지 않는 것은, 인간이란 결국, 자기 자신을 포함해서, 사랑과 환대의 정신이 우리에게 요청하는 바를 온전히 실현할 수 없는 한계를 지니고 있다는 것에 대한 각성 때문이다.[29]

29 게오르크 짐멜(Georg Simmel)은 칸트(Kant), 괴테(Goethe), 니체(Nietzsche)의 세계관을 비교·분석하면서 칸트적 의미의 윤리가 분열과 대립의 정신의 산물이라고 지적한다. 그에 따르면, "칸트의 도덕법칙 ―슐라이어마허가 말한 것처럼― 은 '단지 정치적인 법칙'이다. 그의 도덕법칙은, 자연에 대한 사회적 의무에 대해서는 적대적인 태도를 취하면서도 모든 사람들과의 공동생활이 가능한 행위를 찾는 인간을 위한 정확하고 빠짐없는 공식을 제공한다. 칸트에게 인간의 외적-내적 이원론은, 이론적인 것 못지않게 실천적[인] 것에서도 의식의 전면에 위치하며, 이에 대한 그의 해결책은 지속적인 갈등을 고려해야 하는, 말하자면 단지 불안정한 것에 지나지 않는다." 짐멜(2007), 65. 짐멜이 괴테와 슐라이어마허의 정신을 본질적으로 동일한 것으로 본다는 잘 알려진 사실을 고려해 보면, 칸트적 윤리학에 대한 짐멜의 비판적인 논구는 ―괴테와 슐라이어마허에게서 발견할 수 있는 것처럼― 자신을 무한한 우주 ―혹은 자연― 안의 존재로서 이해함으로써 자신과 타자 사이의 외적 대립의 관계를 근원적으로 넘어서 있는 것으로서 자기로서 존재함의 의미를 발견할 수 있는 인간의 가능성에 대한 인식이 칸트에게 부족함을 가리키는 것으로 보인다. 바로 그렇기에 짐멜은 "괴테의 세계주의적 이상은 통일적인 인간본성의 표현"이라고 지적하면서, 동시에 다음과 같이 밝힌다. "통념적인 의미에서 도덕은, 칸트가 받아들인 인간 **내부의**, 그리고 인간 **사이의** 분열에서 발생하기 때문에, 괴테의 세계관은 **이러한 의미에서** 도덕적 세계관이라고 할 수 없다. 하지만 그렇다고 해서 당연히 비도덕적인 세계관도 아니다." 짐멜(2007), 65-66. 원문 강조. 짐멜의 이러한 관점은, 그가 슐라이어마허와 괴테의 정신에서 발견한 바와 같이, 윤리 내지 도덕이란 필연적으로 자신과 타자 사이를 외적 대립의 관계로 의식함의 산물이라는 것을 함축한다. 이에 필자는 자신과 타자 사이를 외적 대립의 관계로 의식함으로부터 비롯되는 모든 것은, 윤리까지 포함해서, 필연적으로 ―윤리적으로 정당화되는 경우 처벌의 형태를 띠는― 폭력의 가능 근거일 수밖에 없다는 존재론적 진실을 덧붙이고자 한다. 괴테와 슐라이어마허의 정신이 본질적으로 동일한 것이라는 짐멜의 주장에 대해서는 다음 참조. "괴테가 예술적으로 직관한 것을 슐라이어마허는 추상적으로 형성했다. 그에 의하면, 모든 존재는 세계존재의 표현이자 거울이며, 모든 개별인간은 전 인류의 개요이다." 짐멜(2007), 122 이하. 짐멜이 괴테와 동일한 것으로 파악하는 슐라이어마허의 인간관에 대한 보다 상세한 서술은 한상연(2018), 69 이하 참조.

사랑과 환대의 정신으로 마음이 참으로 충만한 자는 본래 비-윤리적이다. 클림트의 회화에서 사랑의 힘으로 죽음의 불안과 두려움을 극복하는 사람들의 이미지가 어떻게 묘사되어 있는지 살펴보라. 그들은 다만 사랑의 열락에 잠겨 있을 뿐, 아무것도 심판하지 않는다. 사랑의 열락에 잠겨 있는 자에게는 자신과 외적 대립의 관계를 맺고 있는 것이 본래 없기 때문이다. 실레 역시 격정적이고 열렬하게 포옹하고 있는 연인들을 그리기도 했다. 실레의 비극은 그가 클림트와 달리 죽음의 불안과 두려움을 극복할 에로스의 가능성을 순연하게 긍정할 수 없었다는 점에 있다. 실레는 모든 종류의 심판의 정신을 거부하는 에로스의 맹목적인 열정이 자신이 그 안에 머물고 있고 또 머물 수밖에 없는 일상세계에서는 도리어 단호한 심판과 처벌의 이유와 근거로서 작용함을 알고 있었다.

앞에서 살펴본 것처럼, 루돌프 오토는 슐라이어마허적 의미의 종교 감정이 직접적 자기의식일 수 없다고 비판하면서 미스테리움 트레멘둠을 종교 감정의 근원적 근거로서 제시한다. 미스테리움 트레멘둠이 종교 감정의 근원적 근거라는 오토의 생각은 분명 일리가 있다. 자신과 타인을 가르는 분별의 정신을 이겨 내고 무한한 사랑의 정신이 자신의 전부가 되도록 하라는 종교적 명령을 우리를 향한 온화하고 부드러운 청유의 말씀처럼 생각하는 것은 아마 종교의 정신에 대한 완전한 오해에 지나지 않을 것이다. 따지고 보면 그보다 더 무시무시한 말도 없다. 무한한 사랑의 정신이 자신의 전부가 된 자는 언제나 이미 규범화된 일상세계에서 존속하기 어렵다. 참된 종교의 정신은 셈하며 자기의 이익을 추구하는 정신, 정의의 이름으로 그 누군가를 증오하는 정신과 양립할 수 없다. 그런데 자기에게 부당한 일을 행하는 자와 투쟁하지 않으면, 셈하며 자기의 이익을 추구하지 않으면, 정의의 이름으로 공존의 질서를 어지럽히는 자를 증오하지 않으면, 자신도, 자신이 사랑하는 자도, 잘 지키기 어렵다. 그러니 무한한 사랑의 정신이 자신의 전부가 되도록 하라는 종교적 명령의 근원적 근거로서의 어떤 존재를 체험한 자는 마땅히 공포와 전율에 사로잡혀야 할 것이다. 그것은 자기 자신뿐 아니라 자신에게 소중한 모든 것 역시 희생양으로 삼을 결의를 하라는 일종의 명령을 수령함과도 같기 때문이다. 그러나 오토의 슐라이어마허 비판은 슐라이어마허 종교철학의 핵심을 완전히 비껴가고 있다.

잘 알려져 있는 것처럼, 슐라이어마허는 종교가 본질적으로 도덕(윤리) 및 형이상학과 대립적이라고 밝힌다. 그 근본 까닭은 도덕과 형이상학이 존재자들 사이의 외적 대립의 관계를 전제한다는 점에 있다. 슐라이어마허가 '절대적 의존감정', 혹은 자신의 첫 번째 출판 저술인『종교론』에서 '우주에 대한 직관과 감정'이라고 규정한 종교는 자신의 존재가 존재의 전체성으로서의 무한한 우주 안에 있음이라는 자각의 표현이다. 이러한 자각 속에서 나와 타자 사이의 외적 대립의 관계는 지양되며, 나는 자신을 포함해 모든 개별자를 무한한 우주의 개별화된 서술과 표현으로서 이해하게 된다. 종교가 도덕 및 형이상학과 대립적이라는 슐라이어마허의 주장은 도덕과 형이상학에 대한 단순한 비판과 거부가 아니다. 슐라이어마허가 강조하고자 하는 것은 참된 의미의 종교는 도덕과 형이상학으로 환원될 수 없는 것이고, 도덕과 형이상학이 전제하는 자신과 타자 사이의 외적 대립의 관계를 무한히 넘어서는 것이며, 바로 그러한 것으로서, 참된 종교의 정신으로부터 유리된 도덕과 형이상학이 필연적으로 지닐 수밖에 없는 폭력성을 극복하도록 함으로써, 도덕과 형이상학을 온전히 새롭게 할 그 근거가 된다는 점에 있다.

후설과 하이데거 연구에서 이미 잘 알려져 있음에도 불구하고 연구자들이 좀처럼 그 의미를 구체적으로 밝혀내지 못하는 것이 하나 있다. 하이데거를 포함해 아돌프 라이나크 Adolf Reinach, 에디트 슈타인 Edith Stein 등 후설의 제1세대 제자들이 후설의 현상학을 —특히『논리 연구』의 현상학을— 인식론에 정향된 현대 철학의 한계를 극복하고 고대 그리스철학으로부터 중세기 스콜라철학으로 이어지는 위대한 존재론의 전통을 되살릴 가능성을 지닌 철학으로 받아들였다는 점이다. 초기 프라이부르크 Freiburg 시절의 하이데거가 슐라이어마허의 종교철학을 연구하면서 이후 기초존재론으로 이어질 해석학적 전

261

환을 수행할 수 있었다는 점, 그리고 비슷한 시기에 라이나크와 슈타인이 —분명 슐라이어마허가 무한한 우주 안에 있음의 느낌으로서 규정한 종교 개념과 일맥이 통하는— '감싸여-있음의-느낌Geborgenheitsgefühl'을 중심으로 종교현상학의 확립을 모색하고 있었다는 점 등은 결코 우연이 아니다. 이들이 진정으로 추구하고 있었던 것은 무엇보다도 우선 폭력의 논리로부터 자유로운 존재사유의 가능성이었다.[30]

물론 이 점에 대해 상세하게 논구하는 것은 이 글의 목적이 아니다. 이 글의 목적은 다만 현상학적 존재론으로서의 철학은 윤리와 같은 것일 수도 없고, 윤리에 근거를 둘 수도 없다는 것을 드러내는 것일 뿐이다. 존재론은 물론 반-윤리적이지 않고, 반-윤리적이 되어서도 안 된다. 그러나 오직 비-윤리적 존재론의 존재사유만이 폭력으로부터 자유로울 수 있다. 오직 비-윤리적 존재론의 존재사유만이 폭력(성)의 근원적 근거로서의 존재의 분열을 비-진리로서 드러낼 수 있기 때문이다. 존재란 본래 선악의 피안을 가리키는 말이다. 선악의 피안을 향한 존재사유의 길은 존재의 근원적 전체성의 회복을 향한 길, 절대적 내재를 향한 초월의 운동을 통해 언제나 이미 규범화된 일상성의 한계를 넘어가는 길이다.

---

30 Han(2005), 384 이하 참조.

참고문헌

데리다, J.(1996). 『해체』. 김보현(옮김). 문예출판사.

디머, A.(1990). 『에드문트 후설』. 조주환·김영필(옮김). 이문출판사.

박덕흠(2001). 『에곤 실레』. 재원.

슈타이너, R.(2020). 『에곤 실레』. 양영란(옮김). 마로니에북스.

슐라이어마허, F.(2002). 『종교론』. 최신한(옮김). 대한기독교서회.

짐멜, G.(2007). 『근대 세계관의 역사: 칸트·괴테·니체』. 김덕영(옮김). 도서출판 길.

한상연(2006). 「종교와 실존: 하이데거의 둔스 스코투스 및 슐라이어마허 연구」. 『하이데거 연구』(현 『현대유럽철학연구』) 제13집. 189-232.

_____.(2018). 『공감의 존재론』. 세창출판사.

_____.(2021a). 『그림으로 보는 하이데거』. 세창출판사.

_____.(2021b). 『시간과 윤리』. 서광사.

Aguirre, A.(1970). *Genetische Phänomenologie und Reduktion. Zur Letztbegründung der Wissenschaft aus der radikalen Skepsis im Denken E. Husserls*. Den Haag: Springer.

Buck, T.(2002). Paul Celan: "Todesfuge." In *Gedichte von Paul Celan*. H.-M. Speier(Hrsg.). Stuttgart: Reclam.

Derrida, J.(1967). *L'Écriture et la différence*. Paris: Seuil.

_____.(1995). *The Gift of Death*. D. Willis(Trans.). Chicago·London: The University of Chicago Press.

Freud, S.(2000). *Totem und Tabu*. in: *Fragen der Gesellschaft. Ursprünge der Religion* (Studienausgabe Bd. IX). A. Mitscherlich, A.

Richards etc.(Hrsg.). Frankfurt a. M.: Fischer.

Girard, R.(1972). *La violence et le sacré*. Paris: Bernard Grasset.

Han, S.-Y.(2005). *Schleiermachers Religionsbegriff und die Philosophie des jungen Heideggers*. Bochum: Uni. Bochum.

Heidegger, M.(1993). *Sein und Zeit*. Tübingen: Max Niemeyer.

_____.(1996). *Nietzsche I*. Frankfurt a. M.: Vittorio Klostermann.

Husserl, E.(1993). *Logische Untersuchungen II/1*. Tübingen: Max Niemeyer.

Levinas, E.(1990). *Totalité et infini : essai sur l'extériorité*. Paris: Livre de Poche.

Otto, R.(1971). *Das Heilige*. München: C. H. Beck.

Schleiermacher, F.(1990). *Über die Glaubenslehre. Zwei Sendschreiben an Lücke*. in *Theologisch-dogmatische Abhandlungen und Gelegenheitsschriften (KGA 1. Abt. 10)*. L. Käppel, A. Arndt etc.(Hrsg.). Berlin·New York: De Gruyter.